UPWARD

BODY.MIND.SPIRIT

身、心、靈，

全面向上提昇！讓自己更好！

覺醒系列

愛情覺醒地圖

李欣頻

【最新修訂版】

讓你受苦的，是你對愛情的錯誤信念

自序——

不必在乎有沒有收到花，愛是在彼此的心底生了根！

記得上一本《愛欲修道院》似乎已經是十多年前的事了，本來不打算再寫愛情書，但在寫《心誠事享：比「心想事成」更有效！》時，許多關於愛情的體悟卻一一冒出來，在某些篇章裡已經顯露出了幾個苗頭。當時先克制自己不再旁枝末節談愛情，一些關於愛情的想法就先寫在另一個檔案之中，直到累積成熟了，在二〇一二年十月開始動筆寫這本書。

在過去，我一向在其他領域很順利順遂，唯獨在愛情這塊一直被考驗，我一向自圓其說為「女作家的愛情魔咒」，就是古今中外許多女作家的愛情，通常比較戲劇性而且特別坎坷，如此才有情緒血淚可以寫故事，讓讀者有閱讀的快感，但作者往往卻寫到快沒命了，也真的有不少女作家早逝。

後來自己的書寫焦點轉向：創意、修行、旅行、世界學……於是自己就跳出了愛情的自我折磨戲碼，把小愛擴大成博愛，也明瞭過去自己的情感多所坎坷，問題就出在「頭腦太聰明，過度理性導致蒙蔽了心的感性流動」，所以愛情這一塊與我其他面向落差極大，如果專業部分是博士班畢業，那麼愛情這塊就連幼兒班都還不夠格。

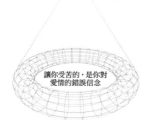

我很感謝歷任男友讓我有補修愛情的機會，他們都是我既溫暖又可愛的伴侶，也都是生命修行境界極高、對我十分嚴格的老師。當他們察覺到我的依賴時，就會跑得比誰都快都遠，直到我自己重新站

起來，直到我學會自己站得穩、走得直之後才又再回來；當他們發現我開始索求愛，就會兩手一攤賴皮地說：「我無愛可給，我很自私，妳若要愛就要自己去想辦法！我什麼都無法給妳、也無法承諾妳，我只能幫助妳從愛之苦海中解脫，這就是我在妳旁邊唯一能給妳的禮物！」所以我就在幾次的兩人關係中，徹底學會以前單身時都沒學會的獨立自主，學會本質比形式重要，學會「不必在乎有沒有收到花，愛是在彼此的心底生了根！」

當我愛情輪迴的舊模式被硬生生地打破，自「愛」解脫的我變得比以前更自在、更開心、更開闊，不再罹患惶惶不可終日的愛情焦慮症，不再擔心失去對方，能隨時享受獨處自在，這就是愛情所帶領我的巨大跳躍。

這本《愛情覺醒地圖》是我的愛情覺醒心得報告書，把親身觀察

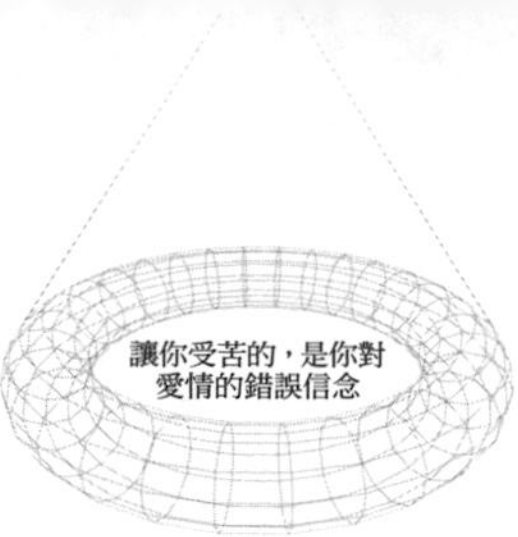

與體悟記錄給自己看，也是我對愛情感動與感悟的真實分享，更是我從２Ｄ框線受困的牢籠中，跳到３Ｄ衛星空照地圖上，俯瞰廣大愛之海的全景視野——希望這樣的拔高分享，能讓更多人有了翻轉愛情迷障的新觀點！

·目錄·

讓你受苦的
「愛情錯誤信念」

第一條

爲什麼我老是遇人不淑？
如何擺脫這樣的爛桃花？

王子與公主的童話，害死了一大票凡夫俗女。

在感情的世界裡，很多人經常會遇到的課題是「被傷害」，包括被騙、被劈腿、被暴力相向；或是對方不聞不問、不負責任、留下一堆爛攤子等著收拾；或是遇到對方死纏爛打，恐嚇曝光親密照或是威脅傷殺的危險情人……所以算命攤、電視節目經常討論的題目就是：為何我老是遇人不淑？我該如何擺脫這樣的爛桃花？

我們都忘了一件事：每一個人都是獨自來到世界上的（即使是雙胞胎也有先後），從第一口呼吸到第一次吸吮奶水、從爬到走到跑……都是得靠自己親力親為，別人都無法替我們做。當父母把我們保護好好的，讓我們專心讀書努力考進好學校、畢業後進入好企業工作……於是把十多年最寶貴的成長機會都剝奪了；在我們學會「生活獨立」之後，卻一直沒有機會學「心靈獨立」，於是很多人即使到了十八歲還是無法自主，大小事都得問人，四處要標準答案，情感上從依賴父母兄弟姐妹，依賴老師同學，依賴朋友同事，到依賴愛情……於是原本應該拿來自許的成長標準，全都套在愛情的對象上，包括：金錢、安全感、成就、身心靈的安定與療癒……就像拿一個模特兒的身形往對方套，過胖或過瘦、過高或過矮，只要不符標準的，就會永遠感到失落與挫折。

「王子與公主」的童話故事，從小在我們腦裡生了根，於是每個男人都在找公主，每個女人都在盼王子，而王子、公主的標準早已寫在童話裡，蔓延到了時尚雜誌、娛樂名模圈……光這點就已經非常違反大自然法則：你無法在大自然界裡定義哪一朵花是名模之花、哪一

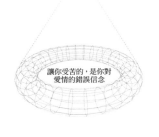

棵樹是偶像之樹，你們有看過玫瑰花界的公主嗎？或是森林界的王子？如果有，那麼所有的玫瑰將會以那朵「公主花」為標準來美容、整形、塑身……所有的樹都會以那棵「王子樹」的高度為標準來努力增高……大自然就會只有「標準之美」與「不標準之醜」的二元性，於是大自然中絕大多數的植物就會開始扭曲變形，無法呈現多元之美。

知名女影星張曼玉回答記者關於「女人的年紀」，她是這樣說的：「亞洲人比較介意『老』這個事情。我小時候在英國長大，然後在巴黎生活了十年，那裡的人沒有這種觀念。為什麼非要年輕、沒有皺紋才是美呢？人不一定要美，美不是一切，它很浪費人生。美要加上滋味，加上開心，加上別的東西，才是人生的美滿。」（引自：天女網）也就是說，每一個在大自然裡的生物，當然也包括人，都應該要有自己獨特之美，即使是在動物界，雖然為了求偶有所競爭、競美，但卻不像人類只有「少數審美標準」影響了全球，連不同種族膚色、不同國家的人都可以放在同一個世界選美舞臺上，可見人類把自己箝制在多小的範圍之內。加上全球化的媒體與網路散播，讓統一的「擇偶標準」，透過娛樂新聞更根深柢固在每個人的腦裡：男的要高富帥，女的要白富美，幾位國際明星名模的八卦、浪漫電影與徵婚節目的推波助瀾，就成了這標準的每日新鮮示範——追逐表相的數字久了（例如：身家幾億、三圍多少、得到幾克拉的鑽戒……），大家都忘了「愛情」的本質究竟為何，這就是絕大多數人在愛情中不滿足與受苦的主要原因之一。

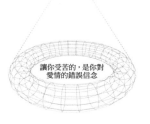

這世界上根本不應該存有「好男人、好女人」的標準，每一個人都是獨一無二！

很多人拿著這個「普世標準」來衡量眼前的這位情人：他夠不夠高、夠不夠帥、夠不夠有錢、夠不夠慷慨、夠不夠專情、學歷夠不夠好、家族事業夠不夠大……或是：她臉蛋夠不夠美、身材夠不夠好、家裡夠不夠有錢、能不能幹、有沒有幫夫運……但我們都忘了，每一個人生來都是獨一無二的，又不是工廠統一生產的量販商品，豈有「合格良率」可言？若拿這些標準來反問你自己做不做得到「完美伴侶」的每一項條件？或是請你自問：你所設定的理想伴侶會喜歡現在的你嗎？你的答案會是什麼？所以我在〈創意禪堂〉課上講愛情的木馬程式時，就是請每一位學生列出心目中「理想伴侶」的條件，然後我告訴他／

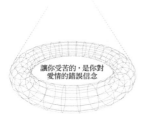

她們：你們現在列的每一條，都是你過去、現在、未來，會在你們愛情關係中製造問題、製造緊張或是對立的木馬程式，每一條都是！

所以當你抱怨怎麼都沒遇到好男人、好女人時，問題就出在：這世界上根本不應該存有「好男人、好女人」的標準（何謂好？就像何謂「好花」、「壞花」一樣荒謬），只要一天不放下這個「有病」的想法，就無法根絕你因錯的「愛的信念」而受苦。

對於小王子而言，眼前的那一朵玫瑰之於他就是「獨一無二」之美，因為他花了時間觀察她、照顧她——只有我們用「心」看待眼前的人，我們才能看出他獨特的靈魂生命之美，自然就不會拿「物」的數字化標準，去審視他的身高、肌肉、財產，以及她的臉蛋大小、身材三圍、腿的粗細……當娛樂記者只關心歌手、演員手上拿的是什麼包、身上穿戴哪個名牌、今年片酬代言費多少、最近有沒有變胖發福……就是把眼前活生生的人貶為計量稱重的物品，如眼瞎般完全看不到他獨特的生命變化、新的人生觀點、新的作品才華，只淪為一個數字目測員。所以我建議娛樂記者或是綜藝節目主持人應該到大自然重新上課，用畫一棵樹的時間好好端詳一棵樹（最好是老樹），想像一下從種子至今它的生命歷程，看到它每一分每一秒的變化，看到它被風搖動的美，看到它與旁邊樹的差別……當他們恢復「正常的視力與辨別力」之後，才能看到眼前每一個人鮮活的奧秘，他們的筆才能如藝術家般深度發掘、並激動描述出這個世界的精采與驚喜，所有讀者與觀眾就能從「永遠不如人」、「求不得苦」的長期挫敗中瞬間解放自己，還給每一個人本來應有的自信與滿足。

所謂愛，就是當一見鍾情、激情、蜜月期、存款、美醜胖瘦、名利成就、健美好身材、年輕臉蛋、烏黑茂密的頭髮……統統拿掉之後，你仍然珍惜對方（改寫自范可欽的 facebook）！

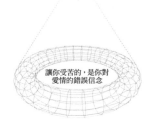

這世界上沒有「爛男人」、「爛女人」，只有「爛的自己」自找的一連串戲劇性麻煩！

市面上許多愛情書，不乏在談「那些爛男人、壞男孩教會我的事」，坦白說，這個世界上沒有誰天生就是壞男孩、爛男人，如同我在《心誠事享》書中第八章提到：「你所面對的人事物並無正負，讓你受苦的，是你對這人事物的負面信念……這世界上沒有誰先天是好人或是壞人之別，只有你看待他／她的方式，與對待這個人的態度，決定了他／她要在你面前自然而然地成為好人還是壞人。」

也就是說：這世界上沒有爛男人、爛女人，只有你自己在「爛」的情況下（指的是自信自立的中心支柱爛掉），當對方無法成為你堅實的依靠時，你就會指責他真是個不負責任的爛人。每個人理應要為自己負責，照顧好自己，深根入地扎實活出自己的盛開強大，不應成為別人生活與精神上的負擔，否則軟弱無力的你，靠山山就倒，靠人人就跑，一連串的抱怨哀怨，是止不住重蹈覆轍的輪迴，也阻擋不了你戲劇性的情感翻船。

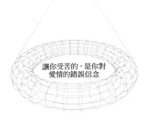

想要擺脫爛桃花？你得從自己的舊模式調整起！

相反於上述情況，還有一種情形是：有的男生很容易吸引一哭二鬧三上吊的女生，或是有些女生很容易吸引到「玉石俱焚」的恐怖男人，對方死纏爛打，若你無法堅定地擺脫他時，你就要先檢討自己，為何會吸引到這樣的人出現？當初為何選擇跟他在一起？是為了怕寂寞？還是為了什麼原因？這就是自己要改變與調整的部分，否則接下來還有更多這樣的人會飛蛾撲火、排山倒海而來，因為你就是這模式的磁鐵。你得從內在改變起，否則你用什麼方式斬爛桃花都沒效。

如果要我們列舉情人的缺點，很多人都可以如數家珍、洋洋灑灑地寫上好幾頁，我的建議是請把歷任情人的缺點都列出來，你可能會很驚訝地發現，即使是不同國籍、不同年齡、不同職業、不同文化信仰的情人，怎麼連致命的缺點、言行都如出一轍？舉例來說，我的好友H，她的幾任男友分別是基督徒的醫生、伊斯蘭教的建築師、信仰藏密的地產商、無神論者的藝術家……無論對方富有或小康，無論對方國籍與信仰為何，她覺得他們的共同問題都是：小氣，所以很明顯地，H要仔細回顧一下，她與這些男人相處時的金錢模式是什麼？才會導致如此迥異的男人，在她面前不約而同地都變「吝嗇」了？她也要觀察：這些男人對待他們的親友同事時是否就不小氣，這些親友同事是怎麼對他的？她是否也有對自己、以及身邊人「小氣」的部分？

只要H能感到豐足無缺，她的付出自然就不會去計較是否有回報，就像大海不在乎蒸發了多少水蒸汽，跟人計較被取走了多少水，「小氣」這兩個字是不可能存在一個慷慨付出、不求回報的富足之人

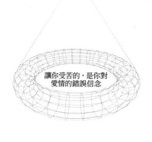

心中，所以當H把「小氣」做為「爛男人」的標籤時，唯一的問題就在她身上：她到底想要從對方身上拿到什麼？拿多少才夠？

就在幾分鐘前，有一位讀者問我一個問題：「我現在已經懷孕八個月了，我婆婆把12歲姪女接到家裡，不僅拿我給的伙食費養她，還不經我同意穿我的衣服，該怎麼辦？」。我剛看到這問題時本來有點震驚，心想這怎麼會是問題？後來我想一下，大概是我脫離木馬程式太久了，忘了這其實就是絕大部分人的問題，所以我想了幾分鐘，思索該要怎麼回答才能讓她瞬間領悟，於是我這樣回答她：「親愛的，妳馬上就要當媽媽了，我知道妳會無條件地愛妳的寶寶，但妳會在她出生時開始計算該付多少子宮房租給妳？該付多少母奶費給妳？應該不會吧，妳的姪女也是人家的女兒，妳會希望將來妳的孩子在12歲住在別人家時，有人會跟他／她計較伙食費、衣服這些事嗎？等妳的孩子出生，妳就將進入『無條件的愛』的學習之中，妳能否現在把眼前的姪女，當成是妳孩子未來12歲時的模擬版來愛她？妳將來一定也希望妳的孩子，在長大遇見別人時會受到無條件、不計較的照顧吧！」

再舉另一個例子。我有一個在雜誌社任職主編的好友Ｂ，她跟我出來喝下午茶時，經常抱怨她老公是控制狂，每小時都會打來查她的行蹤，講著講著她又開始抱怨她的婆婆也是控制狂，連小孩要唸哪個學校她都要管，接著再繼續抱怨她的老闆也管她管很多……我跟她說，如果妳身邊所有人都是控制狂，那麼只有兩種可能：妳自己是被控制狂，或是妳自己也是個控制狂，妳只有從妳內在解除「控制狂」的模式，身邊的人就不會呈現「控制狂」的樣貌。Ｂ聽了之後連忙否認，說她是熱愛自由的，怎麼可能是控制狂？就在她講完這句話後一分鐘，餐廳服務生過來點餐，她是這樣點的：「給我一個總匯三明治，吐司要烤焦一點，大概是巧克力色那樣的焦度，然後吐司要切邊，裡面不要放漢堡肉，幫我改放雞肉，蛋不要用煎的要水煮的，蛋要七分熟，不要放洋蔥，不要胡椒……（講了三分鐘都還沒講完）」，天啊，這不是控制狂是什麼？

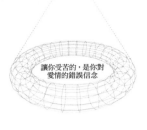

所有你嫌對方的問題，自己身上一定有，否則不會感覺這麼刺眼、刺耳……

還記得以前在廣告公司的同事M，她是個單親媽媽，自從離婚之後沒多久，她愛上了一個已經有女友的男人，她顯然比這男人的女友年輕貌美，但M經常抱怨這男人跟她在一起時總是有接不完的電話，都沒有專心跟她在一起；一旦他不在身邊，就完全人間蒸發連電話都不接，在她眼裡這個男人既擺爛又不專情……我基於好友必須真言的原則，還是跟她說：「所有妳嫌他的問題，妳自己身上一定有（就像長針眼），否則妳不會感覺這麼刺眼刺耳……」的確，M非常工作狂，與女兒在一起時，她幾乎都在忙著講電話，很少注意女兒在身邊做什麼——旁觀者清，但我們每個人的眼睛都只盯著別人的缺點，放大而且反覆批判，卻很少照鏡子，省思自己是不是在某些時候也是如此？

同理可證，例如：悲觀、懦弱、自私、自戀、花心、暴力言行、不負責任、遇人不淑（對我不夠好）……都是「相對」名詞，也就是說沒有一個人對所有人都是如此。我最經常舉的實例就是導演馮小剛的電影《天下無賊》：一個腦中從沒有「賊」這個概念的純樸男孩傻根，他帶著一筆辛苦工作存了很久的鉅款返鄉，整列火車上有許多扒手，而他身邊正坐著一個老練的賊，傻根的錢就這樣輕易被扒走，然後又被轉扒了好幾手，最後傻根旁邊的賊，被他的純真與溫暖感動了，於是就把錢從別的賊那裡再扒回來，在傻根下車前不動聲色地把錢再放回他身上，而傻根自始至終都不知道錢曾經有段時間不在他身邊——這部電影給我很大的震撼，讓我思考在二元對立法則下，我們該如何從自己身上改變「相應」的模式，就像橡皮筋的兩端，一端放開了，張力就自然消除。以上的觀點只適用於自我反省與調整之用，絕不是加害者拿來自圓其說的藉口。

所以當你又陷入「遇人不淑」、「爛桃花」這樣的腦魔障時，不必再找兄弟幫或是姐妹淘訴苦了，請拿面鏡子端詳並反思自己，看看所有你嫌棄或抱怨對方的那些罪狀，自己是不是共犯？抑或自己就是你所指責的那種人？

你看待情人的方式，決定了他是好人或壞人。

＊每一個在大自然裡的生物，當然也包括人，都應該要有自己獨特之美。否則追逐表相的數字久了，大家都忘了「愛情」的本質究竟為何，這就是絕大多數人在愛情中不滿足與受苦的主要原因。

＊這世界上根本不應該存有「好男人」、「好女人」的標準，只要一天不放下這個「有病」的想法，就無法根絕你因錯的「愛情信念」而受苦。

＊到大自然重新上課，用畫一棵樹的時間好好端詳一棵樹（最好是老樹），想像一下從種子至今它的生命歷程，看到它每一分每一秒的變化，看到它被風搖動的美，看到它與旁邊樹的差別。

＊這世界上沒有誰先天是好人或是壞人之別，只有你看待他的方式，與對待這個人的態度，決定了他要在你面前自然而然地成為好人還是壞人。

＊每個人理應要為自己負責，照顧好自己，深根入地扎實活出自己的盛開強大，不應成為別人生活與精神上的負擔。

＊你要先檢討自己，為何會吸引到這樣的人出現？當初為何選擇跟她／他在一起？是為了怕寂寞？還是為了什麼原因？這就是自己要改變與調整的部分。

＊請把歷任情人的缺點都列出來，你可能會驚訝地發現，即使是不同國籍、不同年齡、不同職業、不同文化信仰的情人，怎麼連致命的缺點、言行都如出一轍？

＊所有你嫌棄或抱怨對方的問題，你自己身上一定有，否則你不會感覺這麼刺眼、刺耳……我們每個人的眼睛都只盯著別人的缺點，放大而且反覆批判，卻很少照鏡子，省思自己是不是在某些時候也是如此。

＊當你感到豐足無缺，你的付出自然就不會去計較是否有回報，就像大海不在乎蒸發了多少水蒸氣，跟人計較被取走了多少水。

＊我們該如何從自己身上改變「相應」的模式，就像橡皮筋的兩端，一端放開了，張力就自然消除。

讓你受苦的

「愛情錯誤信念」

第二條

我如何擺脫剩女的身分？
我該怎麼找到眞愛？
我要如何許願才能吸引到
我的眞命情人？

人類怎麼會有「剩女」這個詞？

我還記得第一次聽到「剩女」這個詞時非常匪夷所思，「人」又不是物品，又不是剩菜剩飯，怎麼會有「剩」這樣的概念？說「剩女」這個詞的人，基本上把女人貶為物品，因為只有物品才有「過期」與「滯銷」的概念。但很奇怪的是，經常說這個詞的人不是男人，反而多半是女人自己。

在大自然裡沒有「剩」這個概念，你能在森林裡找出「剩鳥」、「剩花」、「剩樹」嗎？當一隻鳥在飛行，人們往往會把自己的孤獨感投射在上面，覺得這隻鳥好可憐，沒有伴，但其實牠好得很，完整獨立且自由自在，是人們把自己閹割了，亞當、夏娃的神話讓我們以為自己生來只有一半，必須找到另一半才算完整，於是沒有愛情的人就形同精神殘障，不僅自卑而且還遭到歧視與同情，這就是人類社會的怪現象。

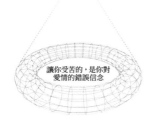

爸媽忙徵婚，孩子急嫁娶。

我曾經在新聞看過一件非常奇怪的現象，就是在一個公園裡，許多父母拿著告示牌，上面寫著自己孩子的條件：包括年齡、長相、個性、學歷、職業、財產……忙著幫子女們配婚，然後就看到父母們在彼此較勁、談判、示好、努力成交……我完全不懂人們為何把自己的孩子貶為「家畜」來論斤計兩、亮血統書般地拿到市場去叫賣？為了面子，難道「找好對象結婚」這件事，比孩子真正的幸福快樂更重要嗎？特別是「好」對象也早已被規格標準化了：年齡、長相、個性、學歷、職業、財產……就像逼所有人穿進同一尺寸高度的玻璃鞋，把愛規格化之後進行組裝……但我們都忘了，愛的本質究竟是什麼？

而這些現象也在日益增高的離婚率中，越清晰地突顯出這些觀念與做法的荒謬。所以現在離婚率這麼高，也就是因為當有人帶著焦慮與不安全感進入婚姻，於是婚姻就立馬創造出兩人份焦慮與不安的劇情出來，於是慌慌張張地結婚、痛苦纏鬥地離婚。

我們其實不需付出這麼大的時間代價，只要停止往外看、向外比較，反個方向直指生命核心的本質去校準，重新回到自己的真正感覺，這樣才不會偏離生命之軸，把荒謬帶進自己的命運裡。

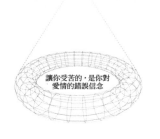

真愛不是物品，所以不是用找的；愛亦無真假，所以必須先放掉分別心。

坊間充斥著許多「尋找真愛」的書、影片、電視節目，讓我們所有人被灌輸了「何謂真愛」、「必須找到真愛才幸福」的謬誤，這也就是這本書取名為「愛情覺醒地圖：讓你受苦的是你對愛情的錯誤信念」的原因。

人類的荒謬自陷已久而不自知，只要把一些「概念」放回大自然，就可以立即檢驗出這樣的價值觀、這樣的想法究竟有沒有問題、有沒有病、有沒有毒。當人們千方百計尋找「真愛」之前，請先重新審視「真愛」這兩個字有沒有問題：愛就是愛，是一種非常單純的能量狀態，例如母親對孩子的愛是非常本能的，所以我們不會說這是「真母愛」還是「假母愛」；同樣地，在大自然界的愛，例如配偶之間、親子之間，你沒辦法說這猴子的愛是真的、那猴子的愛是假的，因為愛就是一種再簡單不過的狀態，無法用「頭腦」去分類，更別說是「辨別」。

所以當人們界定出「真愛」兩個字時，就等於把「愛」放在一個錯誤的框架裡，就像你透過有限的窗框看出去，世界永遠都很小、很局限，這就是為何「真愛稀有」、「真愛難尋」的原因。當我們一心想要找「真愛」，那意謂著我們還得必須從一堆「不是真愛」中挑出「真愛」，一旦開始用「頭腦」去辨認時，我們純粹的心就失去了信任的直覺導航功能，把自己放在痛苦的源頭，最終一定是導致痛苦的結果。

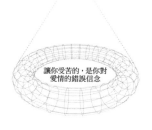

也就是說，當我們願意「洗腦」，洗掉那些關於「真愛」的書、電影、歌詞、商品廣告、媒體報導……我們才能洗掉讓我們頭痛、煩惱、憂鬱、悲傷、孤獨的緊箍咒。真愛不是具體有形的物品，所以不可能用「找」就找得到的，充其量你只能找一個「可以愛與被愛的對象」，但那絕對不是「愛」的本身，也不是「愛」的最終範圍；愛是一種純然的狀態，與有沒有對象無關，就像花香也是一種狀態，與有沒有人聞它無關，也就是說，我們沒有辦法說「這朵花香很真、那朵花香很假」。

「真愛」不是物品，所以不是用找的，而且也找不到，你只能自己在愛的狀態之中，旁邊可以有很多人、一個人或是沒有人分享你的愛，都完全不會影響到你愛的品質，就像德蕾莎修女就算一個人在家，她依然是處在愛的狀態。

愛亦無真假，所以必須先放掉頭腦的分別心，這是讓我們解脫出「愛的牢籠」、離苦得樂的關鍵第一步。當我們重新體驗何謂「愛」的真正本質，認知到「愛」只與自己現在的狀態有關，與他人無關時，自然就不會被社會上光怪陸離的「愛」的信念逼瘋，也就不會有一堆情殺、殉情、自殺這樣的社會事件發生，就像是一朵花不會因為旁邊的人沒專心聞她，她就氣得不想綻瓣散香、氣得想殺人或自殘。

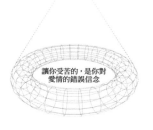

眼前的狀態就是你學習的最好時刻，所以你還要努力千方百計「吸引」真愛嗎？

很多信仰「吸引力法則」的人，會以「正面思考」的方法，在愛情這一部分努力地許願。《祕密》書中，在〈關係的祕密〉這篇舉了一位電影製片的例子：他畫了許多別過身的裸女畫放在家中，結果現實生活中，他身邊都是不怎麼搭理他的女子，於是他聽從瑪莉．戴蒙的建議，開始改畫自己真正想要的愛情狀態，於是沒多久就如願地享受被多位女子愛戀的關係、到最後安定結婚……

《祕密》裡的故事如同許多童話故事的結尾：王子與公主從此過著幸福快樂的生活……但城堡大門關起後的真實生活我們就無從得

知。在《祕密》出版後的這幾年，身邊的姐妹淘各自也經驗了不同階段的愛情課題，有的是愛上已婚男人（以下簡稱A），有的是論及婚嫁的男友意外過世，有的是自從跟前男友分手後，整整十年再也沒機會談戀愛，有的是遇到一個要求她全然犧牲自己事業與生活，全心照顧他的男人……她們的共同點就是：都努力以「吸引力法則」來吸引「真愛」到眼前，或是企圖以「吸引力法則」來改變眼前這個讓自己很受苦的男人。**但她們也都犯了相同的錯誤，就是她們都企圖想要「改變現況」**。

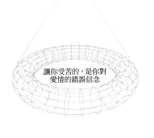

看過《心誠事享》就知道，如果不能徹底地接受現況，從現況中學會該學的課題，那麼就算願望成真，可以如願跳到新的狀態，那也不過是換一套不同題型的考卷，但考的內容還是一樣的。

舉愛情為例，A的願望就是希望她的已婚男友能與妻子離婚跟她在一起，但她等了五年都沒等到，於是她改變了她的願望：希望下一個男友是單身無女友，沒多久她真的如願，她以為換了男友的「型態」，之前的問題就能迎刃而解，結果卻是帶來相同的課題：他無法一天二十四小時地專心跟她在一起，因為他是個工作狂，每天忙到半夜，假日也都在工作，連兩人去度假也是手機不離身地接一連串的電話……當她又想再更改「許願單」，想要換一個「沒那麼工作狂」的男友時，我忍不住跟她說：「妳有沒有發現：妳從前任已婚男友，到現在這個單身男友，都讓妳有一種共同的感覺，就是妳感到不被重視，不被專心對待，無論他是被老婆佔去，或是被工作佔去，意思不都是一樣的？」她才恍然大悟，原來愛情無論是哪一種型式，所帶給每一個人專屬的課題都是換湯不換藥，也就是說，對於A而言，問題在於「她無法自處」，她把重心全放在對方身上，於是當對方有了自己的重心，無論那重心是人、事、物，都是一樣的意思，她永遠都不滿足、不高興，她再怎麼更改願望設定都是一樣的。

所以Ａ必須學會找到自己的生活重心，無論有沒有男友，或是男友是否在身邊，對她而言不應該有太大的差別，她可以愉快地獨處，做自己喜歡的事，也能夠隨時享受兩人在一起的時光，這樣她就不會再咄咄逼人地要求她的男友改變，或是要求男友隨時要跟她報備行蹤——因為她能在自己生命和生活基礎上站得很穩、活得很充實快樂，所以就不會失去重心地繞著別人轉，這種自在與餘韻，讓對方與她相處起來自由自在許多，反而是讓工作狂的男友忙到一個段落後，發現女友怎麼都沒 CALL 他，他就會主動找她，問她在幹嘛……

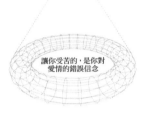

也就是說，問題不在Ａ男友的狀態，自己面對愛情的方式，正突顯出自己的問題。愛情是最好的修行道場，也是最快的修行方式，一個人在山上廟裡獨修，是看不出自己的問題在哪，就像不照鏡子般永遠都有盲點或是視覺死角。我常跟「全心在等待真愛」的姐妹們說：「不要以為有了愛情，人生就圓滿了，剛好相反，往往是等到愛情出現了，人生課題的肉搏戰才正要開始，所有過去妳討厭的、躲避的人事物，都會打包進這位「看似完美」的情人身上，讓妳無所遁形、如社會寫實片般地每分每秒面對它。所以我的建議是：你在單身時所感覺到的問題，例如：孤單、空虛、沒安全感、沒自信……最好趁現在一次處理完畢，否則愛情來了，等到蜜月期一過，一個人的「孤單、空虛、沒安全感、沒自信」就會放大成雙人份的。套句股神巴菲特的名言：「當大浪退去時，我們才知道誰在裸泳」同理，等愛情的糖衣退去，所有內在的苦澀就會一一現形！

《靈性煉金術》（The Jeshua Channelings）裡有一段話很棒：「一旦你為了愛和安全感而依賴他人，就是在索取對方的能量，這常常導致衝突。在這觀點中，你們假定痛苦原因與解決辦法都在自己之外，如果以這心態開始一段關係，最終會要求別人為你內在的傷痛負責，把自己當受害者，等於一開始就剝奪自己的權力。」也就是說，愛情不是來解決你的問題，往往是放大了你現在的問題；當一個人與另一個人貼身地交流對話，總能激發自己不平衡的觀點出來，這些就是寶貴的禮物。自己要勇敢地把心裡的骨刺拔掉，這樣無論誰怎麼頂撞你，都再也碰不到你的痛處！

總結來說，無論你現在是單身或是有伴，都要想盡辦法讓自己在現況中活得愉快、自在、獨立、充實，要做到無論身邊有沒有情人，都不影響到你的喜樂，因為人生無常，沒有人能保證兩人的天長地久，但自己的生命課題是一輩子的，如果你能做到「有沒有這個愛情」都沒差別，那麼就表示「愛情」的課題過關了；同理可證，如果「富或貧」、「有名或沒名」對你而言都沒太大的差別，那麼你也就從「金錢」、「名望成就」的課題中過關了。

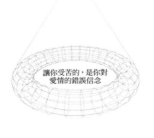

許願就是頭腦介入的開始，與愛的本質相違背。

許多「跟宇宙下訂單」或是「愛情吸引力法則」相關的書中，都有提到類似的概念：要明列出「未來愛情對象」的具體條件，而且想像得越逼真、越細膩，就越容易成真——這樣的說法是沒錯，你用頭腦所列出的條件，的確就像藍圖一般，只要你夠專注，就很容易讓你聚焦，並創造出你想要的實相。但問題來了，我們剛剛說過，「愛」是一種能量狀態，無邊無際，無框架無條款，那麼以頭腦所列的清單，就如同以管窺天，瞎子摸象，永遠也只能碰觸到皮毛或局部，愛在這樣的框架之下永遠是不完整的，缺憾與挫敗就在於這些框架，而不在愛本身。

「愛」無法被衡量、被計算、被設計，所以你的許願只能許到外在條件相符，以及與你頻率接近的人前來，你自身有哪些問題，對方也會有，他就是你的鏡子，而不是你的補釘。「真命情人」大都散發致命的吸引力，讓你以為對的人來了，但等到相處久了，就會發現跟前一任的問題也差不多，所以，許願還有必要嗎？

此外，許願就是把自己想要的交給「遙遠的未知與未來」來完成，而且通常都會設定時間：我希望在耶誕節、下一個情人節前、我的生日時……出現情人。同理可證，愛既無空間、無邊界條件，更沒有時間的概念，舉例來說，當一朵花感受到大自然的愛，這愛就是當下的，既與過去無關，也沒有未來的保證，愛就是此時此刻，所以怎麼可能在一個「目前還不存在」的虛幻時間點上（未來的某一天），設下「真愛」的來臨？

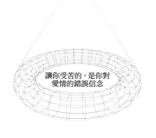

在《升起你的靈性天線》這本書中，Yantara Jiro曾說：「要完成目標所需的時間，就是你將現在的振動頻率，調到你想要狀態的振動頻率所需的時間。」——「接受現況後，才能往新的實相走」這概念，與在《靈性煉金術》裡提到的是相通的：「實現你目標所需的時間，就是改變意識。如果你想讓事情加速，那麼就把注意力集中在自己身上，不要將那麼多心思放在現實的局限上。敞開來接受，甚至需要放下目標（放下遙遠的未來），這聽起來有點自相矛盾，但事實上，你必須全然接納你目前的實相之後才能前進到新的。若不接受目前的實相，又緊緊抓住你的目標，你就前進不了……因為當現實沒有滿足這些目標信念時，你會覺得失望，有時甚至會絕望，絕望是因為你對生命中應該發生的事所抱持的強烈信念而造成的——當你放棄了、認輸了，往往是靈魂話語說得最清楚的時候，因為在你放棄和絕望時，你向新事物敞開，你釋放所有期望，真正接納了「本然」。也就是說，你許願單上的「成真項目、成真時間」，會成為你當下調頻的最大障礙，也大大地與愛的本質相違背，這也就是為何很多人的愛情無法心想事成的原因之一。

在《名望，財富與野心：「成功」真正的意義是什麼？》（Fame, Fortune, and ambition：What Is the Real Meaning of Success?）說這段話，值得我們再三領悟：「當你開始尋找時，你變得全神貫注，變得封閉狹隘；當你不尋找、不追求的時候，你向四面八方、所有向度、對整個存在都是敞開的。」這就是愛的真相！

愛情來了，人生課題的才正要開始！

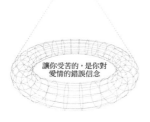

愛情來了，人生課題的肉搏戰才正要開始。

*當人們界定出「真愛」兩個字時，就等於把「愛」放在一個錯的框架裡，就像你透過有限的窗框看出去，世界永遠都很小、很局限，這就是為何「真愛稀有」、「真愛難尋」的原因。

*真愛不是具體有形的物品，所以不可能用「找」就找得到的，充其量你只能找一個「可以愛與被愛的對象」，但那絕對不是「愛」的本身，也不是「愛」的最終範圍；愛是一種純然的狀態，與有沒有對象無關。

*「愛」只與自己現在的狀態有關，與他人無關。

*愛情不是來解決你的問題，往往是放大了你現在的問題。不要以為有了愛情人生就圓滿了，剛好相反，往往是等到愛情出現了，人生課題的肉搏戰才正要開始，所有過去你討厭的、躲避的人事物，都會打包進這位「看似完美」的情人身上，讓你無所遁形。

*無論你現在是單身或是有伴，都要想盡辦法讓自己在現況中活得愉快、自

在、獨立、充實，要做到無論身邊有沒有情人，都不影響到你的喜樂。

＊如果你能做到「有沒有這個愛情」都沒差別，那麼就表示「愛情」的課題過關了。

＊「愛」是一種能量狀態，無邊無際，無框架無條款，那麼以頭腦所列的清單，就如同以管窺天，瞎子摸象，永遠也只能碰觸到皮毛或局部，愛在這樣的框架之下永遠是不完整的，缺憾與挫敗就在於這些框架中，而不在愛本身。

＊愛就是當下的，既與過去無關，也沒有未來的保證，愛就是此時此刻。

＊你許願單上的「成真項目、成真時間」，就成了你當下調頻的最大障礙，也大大地與愛的本質相違背。

讓你受苦的
「愛情錯誤信念」

第三條

他是我的Mr. Right嗎？
她是我的Miss Right嗎？

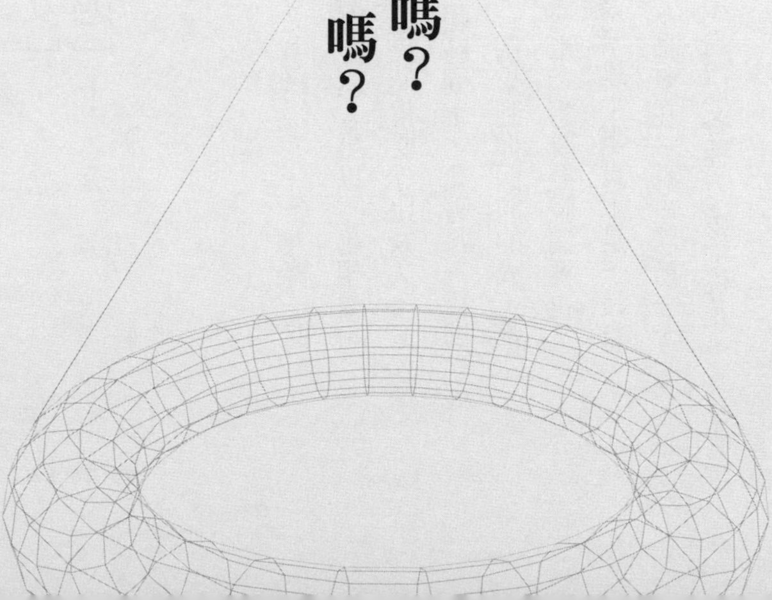

沒有「真命天子」與「真命天女」，只有自己是不是處在「真命狀態」！

在《心誠事享》這本書提到：在愛的關係中修行，許多人總是期盼一次就來一個「對」的真命天子或真命天女，兩人可以一起相愛、生活與修行到老。我們都知道，要等「直達車」通常要等比較久，但「區間車」其實很多，所以可以藉著多搭幾趟區間車，藉著每一段關係，一段一段地往自己要去的彼岸跨進；每一個來到你面前的人，都是要帶你往前再穿越一個障礙。接續剛才第一章〈想要擺脫爛桃花？你得從自己的舊模式調整起！〉的概念繼續闡述：事實上是，沒有「真命天子」與「真命天女」，只有自己是不是處在「真命狀態」，也就是「自處愉快」之中，如果這點沒弄清楚，還以各種方法招桃花、

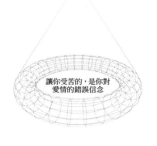

覓真愛，無疑就是緣木求魚。

在《愛》（Being In Love）這本書裡說：「人們以為他們唯有找到一個值得愛的伴侶才能夠去愛。」書中還提到一個有趣的故事：「有一位男子到了七十歲還是繼續保持單身，有人問他：『你不斷旅行，從紐約到加德滿都，從加德滿都到羅馬，從羅馬到倫敦，難道你都沒找到完美的女人嗎？連一個都沒有嗎？』他回答：『有，有過一次，那是很久以前，我遇見過一個完美的女人。』『然後呢？為什麼你沒跟她結婚？』他很悲傷地說『能怎麼辦呢？因為她也在找一位完美的男人！』奧修詮釋得很好：「愛的流動與成長並不需要完美，愛跟另一個人無關，一個充滿愛的人只是去愛，就像一個活生生的人會呼吸、吃飯、喝水、睡覺一樣，你不會說『除非有完美純淨的空氣，否則我就不呼吸』，在洛杉磯你要繼續呼吸，在孟買你也要一直呼吸，就算那裡空氣污染、有毒，你在任何地方都要呼吸……那信任是生命的一部分，是愛的一部分。」的確，所有的嬰孩都會百分之百地信任母親（或是奶媽），不會去挑好喝的、安全健康的母奶，他餓了就喝，這就是本能。不必等到「完美」才去愛，因為在「愛」之中，一切都是本能，一切都是無條件的信任。

所以在《心誠事享》書中，我如此建議，別坐在車站裡，等著不知何時到站的直達車，勇敢面對每一段感情，不要用「完美高速直達」的標準，等待一個「完美的 Mr. Right 或 Miss Right」，事實上也沒有所謂的「完美愛人」，每一個來到你面前的人身上，一定都有你會喜歡的特質，去接受並享受這些特質，並學會包容、接受那些你不喜歡的部分，兩人一起成長蛻變，因為每一段關係都是非常寶貴、獨一無二的旅程！

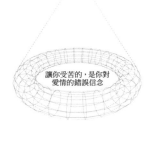

當你在「真命狀態」，你的對象就會變成真命情人！

我在「臉書愛情館」裡看到一段文字：「關係，並不會導致你痛苦或不快樂，但它會帶出早已在你內心裡的痛苦與不快樂。所以你不是要去尋找一個完美的人，而是學會用完美的眼光，欣賞一個不完美的人。」

之前我曾寫過一篇專欄文章〈剩女、凡女、女神〉：女人對自己的定義分為三種，第一種是剩女，說「剩女」這個詞的人，基本上把女人貶為物品，因為只有物品才有「過期」與「滯銷」的概念；第二種是凡女，遵循情人的價值觀，以其眼光決定自己的身價，這樣的女人活得比較安全，但不一定都很快樂自在。第三種是女神，她身邊有沒有情人、是哪個情人，以及她是單身或是已婚一點都不重要，因為她的美太具神性，所有人一眼就被她的氣質之美懾服，像希臘女神，像佛母，像觀音，像聖母瑪利亞……她們充滿了女性魅力，也具足母性的智慧、愛與勇氣，從老人到小孩，從男人到女人都愛她，這一類女人最有代表性的就屬張曼玉，有誰會在乎張曼玉旁邊是誰呢？她已經夠完美了，不需任何情人為她錦上添花。或者我們也會想到英國已故的戴安娜王妃，她的氣質與美無與倫比，即使她沒有王妃的身分，全世界的人都還是深愛著她，都自願成為她的子民。

我身邊有幾位像這樣「女神級」的女性朋友，她們不必嫁入豪門，自己就有本事把身邊平凡的男人點石成金：原本薪水不高、個性懦弱多疑的男人，因為她的清明智慧與堅定意志，協助他在決策徘徊的關卡上，給了醍醐灌頂的建議，於是他開始身價暴漲，並擁有穩重且自信的新個性；最令人驚羨的是，這些女神級的女人從不停止靜坐與修行，讓她身邊的男人也耳濡目染，變得更有靈氣、更有智慧了——這幾年我親眼看到好多男人，因為跟對了一個好女人而劇烈蛻變中，只要這個男人選對了女人，他就有機會蛻變成一個完美的男人。所以女人要提升自己成為「點石成金」的女神，不要把自己貶為物品（剩女），也不必拜金地千方百計想找富豪嫁了，因為那樣一樣是把自己貶成高檔物品順銷出去的概念。

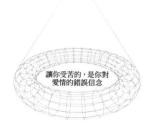

不要期待對方因為你而改變自己，你只要單純地、百分之百地接受、理解並享受對方的現況，你們之間就沒有縫隙可容納這些「情感雜質」。所以女神不必找完美的男神，因為她有「化腐朽為神奇」的能力。換個比喻來說，就像是蚌可以把平凡的沙，包裹成一顆閃亮的珍珠，蚌不需改變沙，不需排除沙，只要百分百包含、包容它的不完美，最後就能成就出一顆珍珠的完美與光澤。當有人抱怨她的男友無能時，我會告訴她，愛他的無能，欣賞他的無能，百分百以愛接納如實的他，不要改變他，因為她包容的愛，就會把他滋養、蛻變成一顆珍珠。

我還有幾位已婚的女神級朋友，一早先把孩子、先生送出門後，就開始寫寫東西、看看書、聽聽音樂，要不就是出門上心靈課、畫畫課、服裝課，學瑜伽、練印度舞、看電影、舉行讀書分享會……到下午就約三五好友一起喝下午茶，談的不是柴米油鹽醬醋茶，而是教育、心靈、地球環保等重大議題。她們平均每週都會去看一到兩次國際級的藝術展演，每兩、三個月就幫自己安排短程或長程旅行，她們的見聞不輸任何一位單身自由的女子，而且往往成為老公和小孩的知識顧問。她們不僅不怕老，也不怕老公跑掉——我從未見過她們打電話追查老公的行程，從不擔心老公外遇，反倒是老公追著找她們，問她們人在哪裡，在做什麼，跟誰在一起等等，怕獨立自主有氣質魅力的老婆被人搶走了。

所以女人得把自己提升到女神的層次，身邊的男人、女人、老人、小孩……包括全世界都會繞著妳公轉，男人也同理可證。

愛情只是讓我們體驗「自己究竟是誰」的心靈之旅！

「無條件的愛」之智慧，真的是需要一次又一次地受創、療傷、復原……直到我們徹底領悟：原來愛情只是讓我們體驗「自己究竟是誰」的心靈之旅。也如剛才所說，世界上沒有誰先天是好情人或是壞情人，只有你看待他的方式與對待他的態度，決定了他要在你面前自然而然地成為好情人還是壞情人——而你怎麼看待他，怎麼對待他，其實就是你對自己的看法與態度，當你對自己的感覺越良好，你對他自然就會流露出愉快、欣賞、感激、愛與喜悅，因為你從他的眼眸裡看到美好的自己，他就像是你眼前的鏡子，如實地把你的樣子反射回來給你。

所以當你處在愛的「Right」狀態時，眼前來的人都對、都美、都好、都善良，所有別人看來是缺點的，全被你看出未來績優股的潛力，所以沒有「真命天子、真命天女」的概念。當你還有想要找「真命天子、真命天女」的念頭，就代表你還不在愛的源頭，而還在中下游，甚至是在缺水的支流之末，因為在愛的源泉地，只會被愛的能量巨瀑沖到幸福暈眩，自high都來不及了，誰來到面前就分享給誰，況且有本事找到源頭，站在你面前的，絕非等閒之輩。

會讓人受苦的，從來不是愛本身，而是人對於愛的信念或是成見讓自己受苦！所以請先洗掉「Mr. Right」或「Miss Right」的框架，愛才能更廣大而自由地流向你！

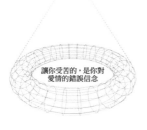

愛情，就是讓我們體驗「自己究竟是誰」的心靈之旅。

愛情，就是讓我們體驗「自己究竟是誰」的心靈之旅。

*藉著每一段關係，一段一段地往自己要去的彼岸跨進；每一個來到你面前的人，都是要帶你往前再穿越一個障礙。

*沒有「真命天子」與「真命天女」，只有自己是不是處在「真命狀態」的自處愉快之中。

*不必等到「完美」才去愛，因為在「愛」之中，一切都是本能，一切都是無條件的信任。

*不要用「完美高速直達」的標準，在等一個完美的「Mr. Right 或 Miss Right」，事實上也沒有所謂的「完美愛人」，每一個來到你面前的人身上，一定都有你會喜歡的特質，去接受並享受這些特質，並學會包容、接受那些你不喜歡的部分。

*女神，她身邊有沒有情人、是哪個情人，以及她是單身或是已婚一點都不重要，她充滿了女性魅力，也具足母性的智慧、愛與勇氣，從老人到小孩，

從男人到女人都愛她。

＊女人把自己提升到女神的層次，身邊的男人、女人、老人、小孩……包括全世界都會繞著妳公轉，男人也同理可證。

＊愛情只是讓我們體驗「自己究竟是誰」的心靈之旅。

＊會讓人受苦的，從來不是愛本身，而是人對於愛的信念或是成見讓自己受苦！

＊世界上沒有誰先天是好情人或是壞情人之別，只有你看待他的方式與對待他的態度，決定了他要在你面前自然而然地成為好情人還是壞情人。

＊當你處在愛的「Right」狀態時，眼前來的人都對、都美、都好、都善良，所有別人看來是缺點的，全被你看出未來績優股的潛力。

讓你受苦的
「愛情錯誤信念」

第四條

我該怎樣讓他更愛我？該如何讓他離開舊愛？要怎麼抓牢他，讓他永不變心？

當愛被視為必須要「平等互惠」的交易，對方不知不覺就成了感情詐欺犯。

古今中外，從希臘神話到現代戲劇（例如《歌劇魅影》），從宮廷內鬥到民間街坊，從寺廟到修道院……人類對於愛情的設定一向是「轟轟烈烈、糾結麻煩」的重重關卡：不是被父母親友家族干涉，要不就是被法律、宗教戒律或道德輿論監視，眾目睽睽之下，我們的愛不如大自然般自由自在，於是人類的情殺案件，遠比大自然界裡的爭風吃醋多且殘酷，這也是新聞、小說、電影……越說越起勁的不敗題材。

如果把人類情史翻出來總覽，我們會很驚訝怎麼演來演去就是那麼幾套戲碼？特別是三角習題，如果把相關的劇本台詞拿出來，其實就跟我們在生活中常聽到情人、夫妻之間的吵架沒有多大的差別，說來說去就是那幾句：「妳真犯賤，吃我的、花我的還敢去外面偷人！」、「我每天在家忙著幫你洗衣做飯，忙著照顧你爸媽，忙著接送小孩上學、做功課、吃飯、洗澡、睡覺……你居然有的是時間去約會？」、「我比她愛你，比她能幹，為你打點好事業大大小小的事，憑什麼我就不配做你老婆？憑什麼下班假日你都得陪她卻不能陪我？我哪裡不夠好才讓你得這樣偷偷摸摸？憑什麼我生病就沒人來照顧我？憑什麼是我要體諒你、給你自由？怎麼不是要她體諒你、給你自由？我給你的自由還不夠多嗎？……」

感情世界中的三角關係，無論三方中的哪一方，都感到不平衡，猶如一面破碎的鏡子，看不到真相全貌，卻鋒利得可以殺人殺己。在三角關係中，每一個人都感覺自己是受害者，於是慣性把罪名加在對

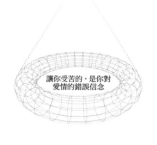

方身上，特別是投射在感情背叛者的身上，強調自己為對方的付出與犧牲有多大，對方怎麼可以這麼負心、這麼沒良心……就像有的父母會跟子女說：「你怎麼可以這麼不孝、這麼不聽話？我工作這麼辛苦還不是為了養你、幫你付學費、補習費、生活費……」當父母要求孩子要說「我愛你」時，他們已經開始學會說謊了。看出來了嗎？只要「愛」淪為一場必須要「平等互惠」的交易，對方很快地就對號入座，不小心就被冠上「愛情詐欺犯」的罪名。就如同俄國文豪托爾斯泰著名小說《安娜・卡列尼娜》裡的男女主角，他們從「愛的責任義務」與「愛的自由隨慾」之間，嚴酷地考驗三人何謂「愛的本質」——如果大家能從這部經典小說中讀透並洞悉「三角關係」究竟要讓三方領悟什麼時，那麼就可以不必再繼續輪迴上演相同的戲碼。

在大自然裡，陽光普照，雨水澆灑在花朵上，它們從沒要求花要回報什麼，就算不開花，陽光也不會感到自己被騙了，雨水也不會感到心裡不平衡；採蜜傳播花粉的蜜蜂或蝴蝶，也沒有一定要對某一朵花專情與負責——愛很自然且自由地流動，沒有強迫，沒有責任義務，一切都是心甘情願，於是大自然比人類和諧多了。

這也就是我在〈創意禪堂〉[1]課上講過，當你與某個人關係緊張，你抱怨對方：他／她「應該」如何如何……他／她「不應該」如何如何……時，這些就是讓你受苦的木馬信念。

在《愛》這本書中也提到類似的比喻：「愛不是交易，所以請停止這種買賣的行為，否則你會錯失你的生命，錯過你的愛以及在愛中所有的美，因為所有美好的事物都不是交易。樹木開花不是交易，群星閃耀不是交易，你無需為此付錢，而它們也不會要求從你那裡得到

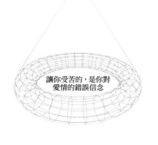

1.〈木馬程式網路課〉，報名請註明欲上的課名，寫郵件到百頤堂：skywalkerkerhushi@gmail.com、15073166476@163.com，並副本到readers**0811**@gmail.com。

任何東西。一隻小鳥來了，牠停在你門前唱歌，牠不會要你給牠證書或讚美，牠唱完歌就高興地飛走了，不留下任何痕跡。」

現在回頭再看看這些氣頭上失去理性的情緒話：「妳真犯賤，吃我的、花我的還敢去外面偷人！」——他如果愛她，就會心甘情願無條件地照顧她。她是人，不是他養的奴隸或是寵物，她有獨立人格與決定自己走向的權利，他也不是她的主人，所以問題出在他對愛的價值觀有問題：他以為花了錢就可以買下對方的忠誠，以為結了婚對方就必須為他犧牲自由意志，這些都是「交易」，根本不是「愛」。他應該要感謝她在前段時間願意接受他的愛與照顧，願意分享他的成就，願意花她自己的青春歲月與他共度一段寶貴時光，擁有愛的本質者，會自然而然這樣想、這樣做。

同理可證，當有人開始抱怨：「我每天在家忙著幫你洗衣做飯，忙著照顧你爸媽，忙著接送小孩上學、做功課、吃飯、洗澡、睡覺……你居然有時間去約會？」那麼請問自己，妳把自己放在哪了？妳所為他做的這一切，必須是妳心甘情願樂意去做的，必須是妳自己能從中得到樂趣與智慧的，而不是妳「應該」要做的，也不是對方必須回報妳的，妳的付出與否跟他人無關，因為在愛的課題裡，最優先要學會的就是「無條件地愛」，從付出愛的過程中，就已經完成了其中的快樂與滿足，就像大自然裡的動物們，不會為了誰應該多付出照顧小孩的責任而大動干戈，彼此分工輪流照顧，一切都是如此自然和諧，牠們也都各自享受在「心甘情願」之中，所以牠們不需要「撫養監護責任」的法律條款，不需要婚姻諮商師、家事調節員。也就是說，在兩人關係中，任何「有條件」的想法都會招來巨大的解構考驗，放諸任何形式的愛，例如：親情、愛情、友情……都是一樣的。

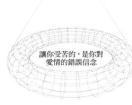

三角關係通常是
考驗「自我價值」最常用的愛情考古題！

在愛情戰場中，最普遍的就是「第三者」的課題：「我哪點比你老婆差？論年紀、身材、美貌、性感……你真是眼睛瞎了，沒膽離婚！」、「我比她愛你，比她能幹，為你打點好事業大大小小的事，憑什麼我就不配做你老婆？憑什麼下班假日你都得陪她卻不能陪我？我哪裡不夠好才讓你得這樣偷偷摸摸？憑什麼我生病就沒人來照顧我？憑什麼是我要體諒你、給你自由？怎麼不是要她體諒你、給你自由？我給你的自由和愛還不夠多嗎？為什麼我要這麼委屈……」當愛情被放在「比較」的競賽場上，你就會「創造」或是不自主地選擇「有情敵」的愛情關係，帶來的考驗就是「不甘心」、「不服輸」、「我

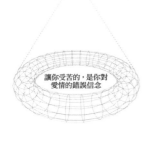

非贏不可」的病態偏執，你似乎一開始就忘了自己原本的價值，這價值是完全不需要經過「比較」就可以自放光彩的。

如果「三角習題」是每一個人都會面對的課題（有的是老公吃兒子的醋、老婆吃女兒的醋、兄弟姐妹之間爭寵……），你可以把自己從角色中跳出來，看一下這三角關係中，如果要你重新再選擇，你會想要扮演哪一個角色？然後想一下，這三角習題中每一個角色究竟是在學習什麼？然後三方一起共修的「愛」的主題是什麼？

也就是說，如果你頓悟了，願意從剪不斷理還亂的三角關係中放手，這個三角習題就能輕易解開，就像是三點組成一個三角形，只要其中一個點放開，剩下的就只是另外兩個點之間的成線拉扯，你不必受困於三角形的牢籠中，瞬間跳出窒息的僵局，從此以後你的所思、所言、所行就不再被另外兩人緊緊牽制著，你才能從「愛情競技場」

中全身而退。問題是：你甘心就這樣放手嗎？你不害怕從此就沒有人愛你嗎？如果你重新強大你的自我價值，上述兩個「心魔」就再也困擾不了你。

所以「三角關係」絕對是考驗「自我價值」最常用也最殘酷的考題，如果你跳開宛如《饑餓遊戲》般「不是你死就是我活」的幻象，你就會瞬間看到自己怎麼這麼貶抑自己的價值，把自己淪為沙場武器？

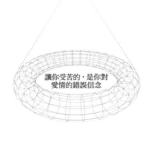

拿回自己該負的人生責任，還給對方自由的空間，從「愛應該如何」的信念中解脫！

關於「愛情」這個千古不變的人生考題，無論是販夫走卒還是達官貴人，無論是平凡樣貌還是俊男美女，想要毫髮無傷地通過愛的考驗，真是「古來征戰幾人回」。

一位印度的心靈老師阿南朵（Anando）講得很好：「許多人因為被『關係』鎖住而不快樂，那是因為他們沒有發現自己內在的豐富，害怕離開那段關係，必須把自己依附在另一個人身上，於是把自己鎖死了。」我們確實看到很多人把愛人或伴侶當成心靈安全感或是生活經濟的依靠，就像拄著柺杖久了，就忘了自己其實可以跑、可以跳，忘了自己其實可以獨立一些，可以更自由地展現自己生命才華與魅力。

愛就是愛，沒有應不應該、如何又如何，沒有成不成熟或是對不對的人，這些都是人的頭腦所創造出來自苦悲劇的戲碼。愛不需要療癒，愛本身是沒有問題的，有問題、有病的都是人給自己找麻煩的信念、成見、印記、框架、價值觀……這就是受苦的根源。當這些念頭被放到「關係」中，就引發衝突、毀滅、不可自拔，戲就這樣上演了幾千年，死傷無數。當這樣的戲不再有人想看或是想演時，當受苦的人放下角色，開始清醒，所有的佈景、對白、情緒就瞬間失效了。

我在台灣創意人范可欽的臉書上，看到這段比較視覺化的比喻，就更清楚明白了：「『喜歡』和『愛』的區別是什麼？喜歡花的人會去採花，愛花的人會去澆花。」的確，真正的愛不是佔有，而是願意維持他／她的本貌，保持他／她的自由，不害怕與別人分享他／她的美麗美好，但會以愛默默地澆水滋養，不會斷他／她的根、夭折他／她的獨立，或是企圖改變他／她。也就是說，愛的真諦其實很簡單，就是在無條件的愛之中，才能享有彼此都自由愉快的廣大空間。

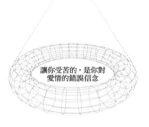

不再以「如何抓牢對方的心」為目標，去美化自己、委屈自己、讓自己變成畸型！

很多人終其一生追逐愛、尾隨愛，只是把「愛」視為是一種可獲取的目標、一個可以相守相隨的對象，一旦這個目標、這個對象產生變化，就會立即產生挫敗、傷心、痛苦。

愛是一種不分你我，無法分出「給予者」與「接受者」的廣大能量。愛是天生本能，不必學習怎麼愛，只需把對愛的恐懼與障礙移除，愛就能自由移動！當我們領悟到愛的終極真相，就不需要再以「如何抓牢對方的心」為目標去美化自己、委屈自己、讓自己變成畸型，就像在大自然中，我們無法說哪些樹比較完美，哪些樹不完美；無法說哪些鳥比較完美，哪些鳥比較不完美……因為它們都是如此獨特，大自然界沒有「人類的比較標準」，所以各自美好——完全不必因比較而自責、自卑、怪自己不夠完美、逼自己要更好，否則「完美的標準」只會把你逼得很焦慮、不安、老是覺得自己不夠好……這樣的頻率反而幫你創造更多的「焦慮、不安、老是覺得自己不夠好」的實相。也就是說，事實上並沒有「更好的自己、更完美的自己」在你眼前，只有等你領悟並享受著：「現在此時此刻的你」就是「最好、最完美的自己」時，你才能從「永無止境的競逐」幻象中覺醒。所以放掉不當的比較標準，放過自己吧！

當你放掉「如何抓牢對方的心」的想法，你才能徹底從自囚的牢籠中解脫，好好地享受自己的自由，於是對方的自由也就不會傷害到你，當兩個人都不再害怕受傷時，這樣的愛才是健全，而不是互相折磨。

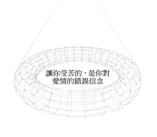

無論你再怎麼努力，對方也沒有義務愛你！

所有的人際關係，會產生不滿與嫌隙的，絕大多數都是因為覺得「對方」可以再對我們更好一點，他們心中都有一個天秤，衡量自己的付出與對方的回饋是否等量等值，一旦不平衡，不是明說要不就暗示對方再加碼，否則兩人之間的「逆差」就是日夜分秒折磨自己的心魔。

真相是，每一個人都是獨立的個體，自己就是自己的管轄範圍，所以不要在別人的領地下命令、訂法律、設標準，每個人都無權對另一個人提出要求、告知義務、投射期望，沒有一個人天生就非要「愛」

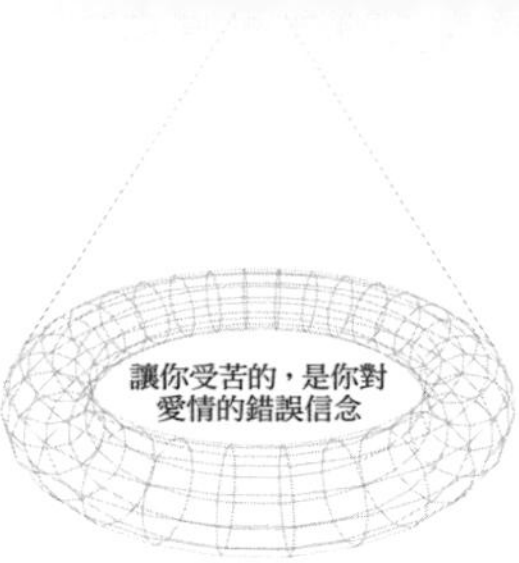

你不可，即使是你的父母、親友、伴侶、孩子……他們也可以不理你；也就是說，無論你再怎麼努力，對方也沒有義務要愛你。一旦你把愛的「理所當然」拿掉，你心中的天秤就消失了，你腦中的度量衡就不再割裂愛的自然流動，這就是幸福的本源狀態，而這本源狀態會讓你對任何流向你的愛充滿感激，你由衷感恩的能量自然而然地流向對方，這就是愛的生生不息。

不害怕失去愛情，你才能對愛人說真話！

唯有不害怕失去愛情，你才能對愛人說真話，擁有真實的愛情。就像是唯有不害怕失去友情，你才會對好友說真話，擁有真摯的友情。

喜歡花的人採花，愛花的人澆花——當你領悟到：「情人是來分享你獨有的幸福與愛，而不是施捨給你所要的幸福與愛」時，你就是愛的自由勝利者！所以我覺得最棒的愛的箴言，不是相守一輩子，而是：我們在一起時的每分每秒我會專心愛你，如果以後有人比我更能照顧你、愛你，而你也愛他，那麼我會非常開心地祝福你們未來的生活，並且感謝他願意照顧你的未來——還給情人未來的自主權，這是他本來就該有的，也不是你給他的，是讓你從愛的「應該」信念牢籠中解脫的第一步，就像父母不應將孩子視為自己的財產，父母只負責把他帶到這個世界，你照顧他，但他的人生必須他自己說了算，他自己決定、自己負責——可以想像一下，在大自然中，如果每棵大樹都要為小樹未來的身高負責，每隻鳥都要管另一隻鳥要飛去哪裡，那麼大自然界就會有健身房、補習班、警察局、徵信社……

如果每個人都願意對自己的生命負全責，也允許對方擁有獨立為自己負責的學習機會與成長空間，而不是被別人干涉成不知未來誰該負責的混亂狀態，那麼這個世界就會減少絕大部分的紛亂。

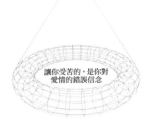

此時此刻的你，就是最完美的你。

* 你所為他做的這一切，必須是你心甘情願樂意去做的，必須是你自己能從中得到樂趣與智慧的，而不是你「應該」要做、也不是對方必須回報你的，你的付出與否跟他人無關。

* 愛就是愛，沒有應不應該、如何又如何，沒有成不成熟或是對不對的人，這些都是人的頭腦所創造出來自苦悲劇的戲碼。

* 愛不需要療癒，愛本身是沒有問題的，有問題、有病的是人給自己找麻煩的信念、成見、印記、框架、價值觀……就是受苦的根源。

* 愛是天生本能，不必學習怎麼愛，只需把對愛的恐懼與障礙移除，愛就能自由移動！

* 事實上並沒有「更好的自己、更完美的自己」在你眼前，只有等你領悟並享受著：「現在此時此刻的你」就是「最好、最完美的自己」時，你才能從「永無止境的競逐」幻象中覺醒。

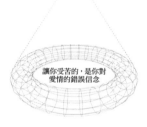

*無論你再怎麼努力，對方也沒有義務要愛你。沒有一個人天生就非要「愛」你不可，即使是你的父母、親友、伴侶、孩子……他們也可以不理你。一旦你把愛的「理所當然」拿掉，你心中的天秤就消失了，你腦中的度量衡就不再割裂愛的自然流動，這就是幸福的本源狀態。

*唯有不害怕失去愛情，你才能對愛人說真話，擁有真實的愛情，就像是唯有不害怕失去友情，你才會對好友說真話，擁有真摯的友情。

*當你領悟到：「情人是來分享你獨有的幸福與愛，而不是施捨給你所要的幸福與愛」時，你就是愛的自由勝利者！

*我們在一起時的每分每秒我會專心愛你，如果以後有人比我更能照顧你、愛你，而你也愛他，那麼我會非常開心地祝福你們未來的生活，並且感謝他願意照顧你的未來。

讓你受苦的
「愛情錯誤信念」

第五條

我該選擇我愛的人？還是愛我的人？

大多數人因愛受苦的主因，就是以為「愛」有限，以為眼前這個人就是愛的全部！

旁觀者清，當我們看到身邊好友正在為愛而苦，總會覺得她怎麼會這麼想不開。明明身邊有很多很棒的人喜歡她、追求她，她卻偏偏愛上那個不愛她或是對她不那麼好的人——有的人會把這種不合邏輯的怪異現象稱為「業力」使然，但業力也是自己創造出來的人生戲碼，那麼我們想問的是：明明很苦，為什麼還是有很多人要繼續耽溺在這樣的泥淖中，怎麼拉她都拉不出來？真的有那麼好玩嗎？

自己以前也度過好幾段「愛情陷溺的黑暗期」，當初自己跳進水中、陷進漩渦，現在回想起來，坦白說水並不深，不可能致命，如果自己真的想起身，徒手划一小段也就能上岸；但自己當時的恐懼創造出了「水很深、岸很遠」的假象，於是就把對方視為唯一的浮木。沒有他，就會被自己的淚水溺斃、心碎而死。於是痛苦的根源就在於：你以為眼前這個人就是愛的全部，就是你的命。所以有不少受過情傷的女子跑去上「愛的療癒課」，以為只要原諒對方、以「更大的愛」包容對方，就能再度贏回他的愛，這又陷入了另一個「交換式愛情」的幻覺圈套裡；唯有把焦點重新對回自己身上，所有的療癒只是讓自己「痊癒」回完整獨立、自愉喜悅的狀態，絕不是為了「贏」回對方而逼自己去做的一種手段，那麼這「因愛而進行自我療癒」才是根本之道，與他人無關。

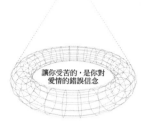

談過幾次戀愛的人就比較不會這麼欲生欲死了，因為他知道，每一次雖然都痛徹心扉，崩潰快死，但經過一段時間之後，甚至連那個

人叫什麼名字、長什麼樣子大概都忘了，之前的痛似乎就像是作了一場噩夢，其實對靈魂而言，只是增加新體悟而不會留下真正的疤痕。但唯有每一次傷癒之後更自信堅強，而不是更害怕愛、對愛更「趨吉避凶」的防衛閉鎖狀態，就能讓我們能對「愛」越來越敞開，就不會被「愛有限」的恐懼所傷。就像是自己還記得自己以前唸小學時，每到要換座位、換班級、轉學、搬家時，都會大哭好幾天，因為好不容易認識的好朋友就要分開了，總覺得以後再也找不到這樣的好朋友……幾次之後，每次換新環境都能很快找到新朋友，所以原先覺得「朋友只有這個，失去了就沒有了」的「有限」想法，也因真實經驗不是如此而慢慢消融。也不再被自己「擔心沒有朋友」這樣的信念所傷。

其實愛情也是如此，每一次失去就天崩地裂，那是因為我們以為自己只能有這個愛人，沒了這個人，這個世界上就沒人再愛我們了——

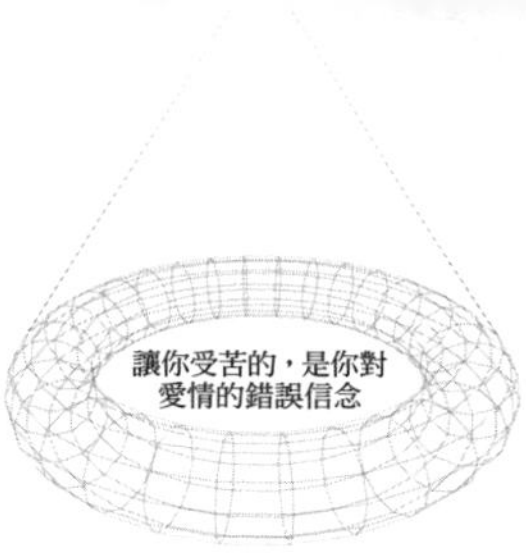

這樣的焦慮從我們第一天被爸媽強迫送進幼稚園，就開始了漫長的「分離焦慮症」，但每一次崩解的其實只是自己「愛情有限」、「這個人是我的」、「世界上只有這一個人會愛我」的錯誤信念，所以我經常勸那些還耽溺於愛之苦的人說：**「會離開的都不是你的，會崩解的都不是真的。」**

你是真愛這個人？還是你把自己想要的愛，投射在對方身上？

通常會思考「我該選擇我愛的人，或是愛我的人」時，其實他的控制慾與改變慾已經在關係裡面悄悄地挖開了壕溝、生起了戰火。一般的想法是：選擇我愛的人，我就得聽他的，終生得受制於他，而且怕他跑掉；但如果選擇愛我的人，他就會比較愛我、聽我的，我不怕他跑掉——所以選擇愛我的人比較安全，至少穩贏不輸、穩賺不賠。而這樣選擇的後果，那些他以為的安全反而會成為窒息的理由，因為他沒有愛的主動與自然流動，久了就成了一攤死水，於是隨便一場婚外情，就很容易激起天崩地裂的浪花，因為沒有人能在窒息的環境裡待太久。

所以在選擇「比較愛我」的人時，他已經把控制的手伸進了兩人之間，就像父母或老師比較喜歡乖的、聽話的小孩，不喜歡調皮搗蛋、有自己主見的小孩，因為這樣他們就無法掌控，並對其自尊與權威產生很大的威脅。當這個人有了控制權，接下來就會頤指氣使地對待他，嫌棄他，而想要改變他的企圖則從來沒停過。

還記得影集《慾望城市》裡，交際花莎曼珊把一個有體味、穿著品味極差的男人，改造成她可以帶得出門的體面男伴嗎？（這跟把貴賓狗帶去修整美容、穿上名牌衣服後再帶出門有什麼兩樣？）因為她認為白馬難找，白驢易尋，只要稍加改造也就成了白馬王子，這樣的想法就跟買房子一樣——我們很難買到十全十美的好房子，面對公園但裝潢很醜、價格合理但採光很差、地段超好但車聲超吵、有大露台花園但風水不好……所以就找設計師化腐朽為神奇：要採光大窗就敲

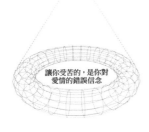

磚牆，要開闊空間就拆隔間，要隔音就裝雙層密閉窗……她改變了他的外在，以為自己就改變了對他的觀感，更重要的是能瞬間贏得身邊好友對他的好感——但如果你把對愛的期望，量化成一隻人見人愛的寵物、一棟夢想的豪宅，那麼你就只能在這樣的美好樣板模型中，過著人偶般不真實的假面生活。

我很喜歡《名望，財富與野心：「成功」真正的意義是什麼？》書中舉的例子：「出於慈悲，你替蛇裝上腳，因為你認為：可憐的蛇啊，沒有腳牠要怎麼走路呢？這就好像一條蛇掉入了蜈蚣的手中，而蜈蚣對這條蛇有著無限的慈悲，牠想：可憐的蛇，我有一百條腿，而牠一條也沒有，牠要怎麼走路呢？牠至少也要有幾條腿吧。如果牠動手術在蛇身上裝了幾條腿，牠會殺了那條蛇！蛇就牠本然的樣子是完全沒問題的，牠根本不需要腿。」

這世界不需要拯救者，每個人唯一要負全責的就是自己。每個人只需要把身心安頓好，天下就太平！所以當你把自己的眼光標準投在對方身上，你想「拯救他」、「幫助他」、「提升他」的想法與做法，就成了對他最大的謀殺。這道理適用在想逼情人或自己去塑身、整形的人身上。

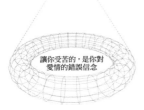

在「愛」之中，沒有吃虧與佔便宜這樣的概念！

期待對方為你做某些事、說某些話，那就是你用「你心中的他」，把「現在真實的他」隔離在此時此地之外，你期望越大，隔閡就越深越遠。於是在這隔閡之間開始產生強迫、引發爭執、造成辯解、企圖說服、滋生懷疑……各式各樣人際情感的戲碼就充塞在這縫隙中，這縫隙就變成了戰事壕溝，把彼此推得更遠了！

在「愛」之中是沒有吃虧與佔便宜這樣的概念，也沒有利用與被利用的概念，如果你看過正在為孩子哺乳的母親，你會從母親的臉上看到一種很美、很滿足的神情，嬰孩也是。你無法用頭腦去算計，誰在這樣的過程中吃虧或是佔便宜？誰在利用誰？兩者都在這過程中享受了極大的喜樂，這就是「愛」的本質，但在愛情中的男女，有多少是在這樣的愛的品質之中？

或許是太多受過傷的愛情專家，在電視、電影、小說中教了我們很多「方法」：怎樣才不會吃虧、受傷、人財兩失？於是把她們受傷過後的印記傳染到我們身上，她以為這就是「愛的防毒免疫疫苗」，但這些才是讓我們害怕愛、遠離愛的本質之禍源。

在愛的本源之中，你怎樣都不會也不可能受傷，因為那愛的源頭會很自然地流動，流動的過程就可以帶來驚喜與滿足，想像一下自己是泉瀑，無論你流經哪裡，無論是沙漠或是綠洲，你流動的過程就能帶來驚喜，你不會去計較在哪一段付出比較多，那是因為你源源不絕，所以不需要計較。

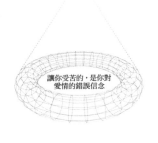

只要你是愛的源頭，你所流經之處就是愛，因為每個地方都需要甘泉；只要你是愛的大海，所有的河流最終也都流向你——無論你是哪一種，你都不可能有「吃虧」與「佔便宜」這樣的想法，所以當你正在衡量談這場戀愛是吃虧還是佔便宜時，當你正在評估你與對方誰付出比較多時，你就注定受傷，注定失敗，你受傷的來源不是源自別人，正是你這樣的想法內傷了你自己。

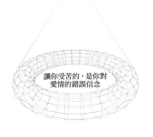

只要你心中沒有度量衡，就分不出你愛的人與愛你的人。

剛剛在前一章提到：一旦你心中的天秤消失了，你腦中的度量衡就不再割裂愛的自然流動，這就是幸福的本源狀態。如果你是大海，你不可能分得出哪些水是從天上來，哪些水是從河流來，哪些水被蒸發掉……大海分不清水的來處與去處，當你在真正「愛」的浩瀚之海裡，你無法也不必分辨出「你愛的人」以及「愛你的人」，既然分不出來，就沒有選擇的問題與困擾。

把愛比喻成風，向風學習何謂愛，如何愛。

會問「我該選擇我愛的，還是愛我的人」這樣問題的人，問題就出在自己身上，他以為：愛是固體、具象的，有數量可以計算衡量的，所以可以算出究竟是誰比較愛誰，也就是說，說出這樣話的人非常明顯地不在愛的源頭，他的愛很有限，所以斤斤計較，孰不知：1.愛是無法計算的，能計算的是你頭腦裡的度量衡，絕對不是愛的本身。2.既然愛無法計算，所以何來的「他愛我比較多」或「我愛他比較多」？愛就像空氣中的風，無邊無際始終在流動，你能拿空氣來稱重嗎？你能拿「東邊的風與西邊的風」比看誰重嗎？

當你在愛的泉源上，你就不可能會有這樣「數字化」的問題產生。除了把愛比喻為大海之外，我們也可以把愛比喻成風，以風來做為「愛」的心靈老師，向風學習何謂愛，如何愛，就不會偏離愛的本質。愛是一種無邊界的能量，沒有特定物件，沒有契約與責任義務，愛就是愛，流經你也流到其他人身上，像陽光、風、水無邊界地流動，只要如是活在愛的能量中，不用頭腦理性、條件、標準讓自己與別人受苦，就能活在愛的喜樂極境中！試想一下，如果這個世界上所有關於愛的法律條款、道德輿論都消失，每一個人在充分理解愛的本質下，懂得尊重、照顧別人而不是侵犯、傷害別人，懂得給對方全然自由的選擇空間，而不去控制設限，那麼所有人類「愛的障礙賽」就可以宣告結束了。

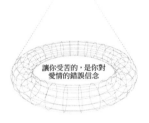

只要你是愛的源頭，你所經之處就是愛。

* 痛苦的根源就在於：你以為眼前這個人就是愛的全部，就是你的命。
* 會離開的都不是你的，會崩解的都不是真的。
* 當你以自己的眼光標準投在對方身上，你想「拯救他」、「幫助他」、「提升他」的想法與做法，就成了對他最大的謀殺。
* 你無法用頭腦去算計誰在這樣的過程中吃虧或是佔便宜，愛應該是：兩者都在這過程中享受了極大的喜樂，這就是「愛」的本質。
* 在愛的本源之中，你怎樣都不會、也不可能受傷，因為那愛的源頭就是很自然地流動，流動的過程就可以帶來驚喜與滿足。
* 只要你是愛的源頭，你所流經之處就是愛。

＊當你正在衡量談這場戀愛是吃虧還是佔便宜時，當你正在評估你與對方誰付出比較多時，你就注定受傷、注定失敗，你受傷的來源不是源自別人，正是你的這樣的想法內傷了你自己。

＊只要你心中無度量衡，當你在真正「愛」的浩瀚之海裡，你無法也不必分辨出「你愛的人」以及「愛你的人」。

＊把愛比喻成風，以風來做為「愛」的心靈老師，向風學習何謂愛，如何愛，就不會偏離愛的本質。愛是一種無邊界的能量，沒有特定物件，沒有契約與責任義務，愛就是愛，流經你也流到其他人身上。

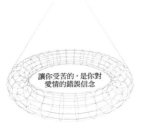

讓你受苦的
「愛情錯誤信念」

第六條

在愛裡受了傷
該怎麼療癒？

完整地在「愛」之中，你是不可能受傷的！

剛才在書中一再強調：愛不需要療癒，愛本身是沒有問題的，有問題、有病的是人給自己找麻煩的信念（或是印記、框架、價值觀）就是受苦的根源；當這些信念被放到「關係」中，就創造出劇情、衝突、毀滅、不可自拔，戲就這樣演了幾千年；當這樣的戲不再有人想看或是想演時，當受苦的人一脫下角色開始清醒時，所有佈景就瞬間失效了。

《鑽石途徑：現代心理學與靈修的整合》（Diamond Heart Book）提到：「當你感受不到自我價值時，你的內心會有一種空空洞洞的感覺，你會感到匱乏、自卑，只想拿外在的價值來填滿這個洞，你會利用別人對你的肯定和讚賞來達到這個目的，你會以虛假的價值來填補這個洞。我們帶著一身坑洞四處奔忙，卻往往無法察覺到它們。我們通常只能意識到自己的欲望：我想要讚美、我想要成功、我想要這個人的愛、我想要這種或那種經驗。欲望與需求一出現，便暗示著坑洞已經冒出來了……當你和某人建立起深刻的關係時，你就會用那個人來填補你的洞，一旦那個人死亡或是關係結束了，你不會感覺失去了那個人，你感受到的是填補坑洞的東西不見了，感覺喪失了自己的一部分，因為以前被他填滿的洞現在又暴露出來了，這就是你會那麼痛苦的原因。」

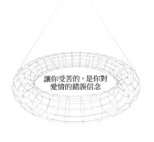

前面提過：「在愛的本源之中，你怎樣都不會也不可能受傷。」會受傷是因為你還沒恢復完整，以及對愛的不當信念。對方不是傷你的人，他只是把你的隱疾與匱乏感拉出來後就離開了，讓你獨自面對，所以此時就是「修補」自己的最佳時機。條列出你感到受傷的點，那些就是你原本缺失的部分，你只能自己補長回來，別無他法。

有部電影小說叫做《他沒那麼喜歡你》，裡面的觀點是：我們寧願相信男人太膽小自卑、太怕女友老婆、太聽媽媽的話、事業太忙、應酬太多……而不相信他其實沒那麼愛你。但這句話的真相應該是「你沒那麼愛你自己」，你如果夠獨立，怎麼會被他左右？如果夠強大無堅不摧，另一個人怎麼可能傷害得到你？

等到你真的完整地在「愛」之中，無論如何你都是不可能受傷的，在大自然裡，有哪一隻鳥會因求歡被拒而去一頭撞死？或是哪一朵花因為蜜蜂沒去找她就自憐不已？所有植物與動物都活在大自然律中，自在、安定且滿足，而人類卻被自己許多奇怪的「愛」的想法弄瘋了。家裡有養寵物，無論是狗、貓、鳥、魚，或是花、草、樹木等植物，或是家裡有小嬰兒的，請盡量花時間專心地觀察他們，虛擬附身進他們的內在，模擬那種自體滿足、無憂無懼、不必求愛也不會為愛而苦的本然狀態。你就會發現「愛」其實就跟呼吸一樣簡單，不必學習，無傷也無害，更無需療癒；唯一要療癒的，只有你對愛的病態誤解、自苦自陷而已。

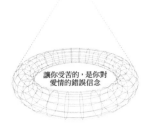

我還記得之前一個好友失戀，哭哭啼啼快活不下去，她大罵前男友負心冷血。我跟她說：千萬別這樣罵妳前男友，妳下一任男友會非常非常感謝他把妳釋出，就像當初的尼克隊非常感謝勇士隊與火箭隊把林書豪釋出——只要妳夠好、夠相信自己、能自處愉快，將來那些把妳釋出的男人會非常後悔！

所以如果你有姐妹淘、兄弟幫受了情傷，請不要再安慰他說：這個人很爛，下一個會更好，因為這只會把病源拖延到下一次。如果你真心為他好，應該要身為一面忠言明鏡，把這個人的真相展示給他自己看，並引導他感謝過去這位舊情人曾經帶給他的美好經歷與重要領悟，讓他從這場戀愛的學習中蛻變成更完整的自己，而不是讓他變成等待被安慰、被同情、再寄託希望的愛情傷患弱者。

總結來說，只要你在完整且源源不絕的狀態，你就回到了愛的源頭，那裡就是所有愛情的終極之岸，那裡不會有任何愛的問題，只有愛的感動、感謝與感激！

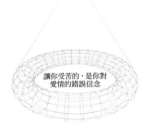

從自己抱怨的話與惡毒的文字，找到療癒的解藥！

我以前曾勸一位經常上心靈成長課，但依然不改抱怨本性的好友說：不必找修行老師，不必找算命大師或是預言家，只需帶個錄音筆，把你今天對他所說的話全部錄下來（特別是你跟他吵架時），晚上睡覺前，以旁觀者的角度全部聽一遍，並看一遍今天寫給情人的所有文字，你就能清楚你們倆關係的困境與盲點在哪，就像解蛇毒只能用蛇毒血清的道理是一樣的。你也可以就這些聲音、文字知悉：自己與情人的未來會演變成如何。

自己就是自己最準的先知，如果你真能看清自己的現況，未來也就一目了然了！

讓自己完整，做自己的方糖。

《創作，是心靈療癒的旅程》書中有一句很棒的話：「不害怕被拋棄，才能活得隨心所欲；不纏著別人要求保障，伴侶才能在沒有負擔的狀況下，回應我們的愛。」很多人把愛情視為保障，害怕被拋棄，於是終日活在索求與抱怨之中，關係很快就變質，甚至迅速瓦解。

《奧秘之書第五卷》（The Book of Secrets）也有一段非常精闢的啟示：「一個需要你的人無法愛你，他將會恨你，因為你變成枷鎖，他覺得如果沒有你，他無法生活，無法快樂，所以你是他快樂和不快樂的原因，他禁不起失去你，這是一種監禁的感覺。只有覺知的人能夠愛，不執著，不依賴，他會保持自由，也會允許你保持自由，你們

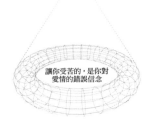

將是兩個自由的、完全的個體互相會合，這是一種宴樂，一種慶祝，而不是監禁。」

所以一段健康的關係，必須是兩個人都要有這樣的心靈水準，彼此可以自己照顧好自己，不依賴對方，兩人都給對方最大的信任與空間，於是他們之間就留有呼吸的餘地，兩人在一起就是享受、慶祝，而不是斤斤計較、算總帳、互相詰問，如此關係才能長久，越久越有底蘊的陳香。

就像電影《狂愛聖彼德堡》（The Stroll）的經典對白：「把自己想像成一塊方糖，放在咖啡裡，咖啡就不苦了；放到茶裡，茶也不澀了。」只要自己夠甜，融在世界中，妳的整個世界就是甜的。問題是，很多人努力找一個能讓自己幸福的人，但她自己既不幸福也不甜，即使找到她想要的好情人，他也不一定會想要她——當我們把決定權交到別人的手上，即便得到了一杯甜的咖啡、甜的茶，有可能突然就被人家喝掉了，看看周圍，這樣的事不是天天在發生嗎？如果我們自己有甜的能力，這是沒辦法被取代的，即使這杯茶沒了，還有更多的咖啡和茶可以跟我們配。

盤珪大師說：「當你出生時，你擁有的一切是未生的佛心，沒有任何恐懼。你的恐懼是一種錯覺，或是思緒的虛構。它是你來到這個世界後，你自己創造出來的。」我喜歡我的一位修行朋友給我的一句話：「只有純真的心，才能進入愛！」當我們不把別人的眼光與標準，做為自己衡量愛情的尺規與枷鎖，不把自己幸不幸福的責任交給伴侶，我們就擁有了百分之百的幸福自主權。

我在大陸「晚安心語第七十五期」看到一則轉發率極高的話：「當女人經濟獨立時，她對男人的要求也會從平面的審美上升到立體，這是逐漸發展的過程，因為她離開了任何一個男人，都能活得很好。這種物質上的從容，讓她放慢了對婚姻和愛情的腳步，不再像猴急的大姑娘，拚命想嫁給一口鍋，而不管這鍋是什麼材質。女人，只有經濟獨立，才更有底氣做其他的。」當一個女人沒有「失去保障」的擔憂與恐懼，整個人活在高度喜悅與滿足之中，那種歸於自我中心的自信魅力，就是一種無法比擬的吸引力，讓她身邊的男人捨不得離開她，而且她會讓整個世界繞著她轉。

看多了豪門婚姻的分分合合，大家應該已經可以從豪門童話中夢醒，了悟幸福與否，與嫁入豪門一點關係也沒有，大家可以參看電影〈瘋狂亞洲富豪〉。

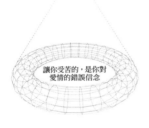

愛，其實就像呼吸一樣簡單。

* 對方不是傷你的人，他只是把你的隱疾與匱乏感拉出來後就跑了，讓你獨自面對，所以這時候就是最好「修補」自己的時間。
* 「愛」其實就跟呼吸一樣簡單、不必學、無傷也無害，更無需療癒；唯一要療癒的，只有你對愛的病態誤解、自苦自陷而已。
* 把自己想像成一塊方糖，放在咖啡裡，咖啡就不苦了；放到茶裡，茶也不澀了。
* 不把別人的眼光與標準，做為自己衡量愛情的尺規與枷鎖，不把自己幸不幸福的責任交給伴侶時，我們就擁有了百分之百的幸福自主權。
* 只要你在完整且源源不絕的狀態，你就回到了愛的源頭，那裡就是所有愛情的終極之岸，那裡不會有任何愛的問題，只有愛的感動、感謝與感激！

讓你受苦的
「愛情錯誤信念」

第七條

在愛裡失去了自己，失去了自信、自由，該怎麼辦？

愛情是哈哈鏡，讓朋友認不出你，但卻能讓你看到自己的真面目！

如果身邊有朋友正在談戀愛，特別是關係比較複雜或是不大穩定的，經常會看到她似乎變了一個人，從很有自信美，瞬間變得患得患失，以對方的喜好為依歸，只要情人稱讚她，她就感覺幸福、感覺美。如果情人嫌她胖或醜或笨，整個人就像一朵迅速凋謝的花，怎樣都扶不回她原來的自信美——愛情對她而言就像一面哈哈鏡，扭曲了她看待自己的樣貌，但這也呈現出她看自己的方式：她認同了別人眼中的自己，所以愛情就是一面殘酷的內心明鏡，與你遇到怎樣的情人無關。

也就是說，只要認同你的情人怎麼看你，你內在就是怎麼看自己。愛情就是一個照妖鏡，把你內在很深層的自我認知挖出來，無所遁形。所以如果你正處在一段愛情的關係中，可以在身邊安排一個敢說實話的好友，或是設一個虛擬的觀察員，或是想像你身邊好友頭上有一架面對著你的攝錄機，以好友的角度觀察你在情人面前變成了一個怎樣的自己，如果變得不像平常的自己，例如變得擔憂自己的美醜胖瘦、害怕對方不高興所以努力討好對方、為對方改變了自己的生活與做事習慣，甚至感覺犧牲了很多……這些異於平常的「扭曲」，就是你在關係中所顯現出來的「病徵」，你得在平時就毫不逃避地看到這些差異變化，時時注意身上浮現的小病兆，否則這些「扭曲的自己」，會像歪斜的脊椎，讓你的自信心駝背，讓你生命中柱內的養分輸送有了障礙氣結，等到對方一離開，你就瞬間站不起來，這就是愛情癱瘓症。

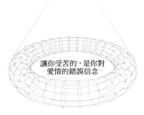

在無條件的愛之下，一切都是自由的。如果你在愛的關係之中很自然自處，就如同你自己在家一樣沒有差別，可以不矯揉造作，可以放心地做自己，連身邊的朋友也感覺不到你的熱戀、單獨和失戀的差別，那麼這段愛情關係至少比較健全，無論有沒有愛情，都不可能拔掉你的生命地基，也更不可能動搖你的自信、自由與自己。

把愛人當成是自己的明鏡而不是極欲討好的對象，仔細面對並穿越每一次由他所帶給你的情緒考驗，一一破解愛情中的「錯誤信念」，從愛中覺醒並回到愛的實相中，這就是我們在地球上最獨一無二的領悟！

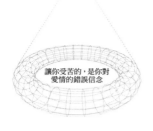

你的不同狀態，決定了你的愛情關係！

《靈性煉金術》把愛情分為「業力關係」與「療癒關係」，書上是這樣定義「業力關係」的：「如果你一見到某人，就覺得他有一種說不上來的熟悉感，你或許就可以認出這是一場業力相遇，通常兩人會互相吸引，空氣中有某種東西在催促著，讓你們不得不在一起，這強烈的吸引力可能就會發展成一段感情關係或強烈迷戀，通常彼此會捲入由權力、控制和依賴所構成的心理衝突，他們總是會透過對感情的不忠、濫用權力，或是相較之下過於強烈的情感，而觸動彼此內在的痛，以及彼此深刻的衝突，帶來深切的情緒創傷。」而「療癒關係」則是：「彼此不會想要改變對方，當對方在身邊時，他們很愉快，但如果對方不在，他們也不會覺得不安、絕望和孤獨；雙方在情緒上都是獨立的，他們的力量和幸福並不是來自伴侶的認可或存在，伴侶不是來填補他們生命的空白，而是要加入一些新鮮且充滿活力的事物，這一段關係對兩人而言都是深情、輕鬆且充滿鼓勵的親密關係。」

依我自己的觀察，「業力關係」的愛情，通常蜜月期都沒持續多久，兩人就開始陷入痛苦之中，無論是價值觀不合、個性生活習慣不同、與對方的父母親友不和、對方與別人還有牽扯……吵吵鬧鬧分分合合，而且通常是難分難捨，說要分開時，簡直跟截肢要命似的非常痛苦，但恢復在一起時，兩人還是一樣繼續吵……這得等到雙方功課悟透了（有時會透過其中一位的人生發生巨變），這關係就能瞬間好轉，從怨偶變成神仙眷侶；如果硬是分開從此不見，要不就是會面臨非常長的孤獨期，直到自己把前面的功課自修完畢；要不就是換下一個情人，但仍然換湯不換藥，一樣面臨巨大的考驗——前者多半是女人，這也就是為何有很多「遇到感情重創」的女子都跑去靈修的緣故；後者通常是男人，有些男人一分手就馬上找新女友或新老婆，只要他習性不改，一樣維持不久，一樣留級。

當我看了不少以上的模式，特別是身邊好多因為「感情問題」跑去靈修的姐妹淘，有的是很快就在靈修圈中找到伴侶，換個「同修」繼續補考；有的是在靈修圈的各派別、各中心、各道場、各聖地輪轉了好幾處，自己獨修了好幾年，直到她能自處愉快，才遇到了一個同樣有心靈品質的共修伴侶。所以最核心的方式就是把自己調整成「完整與圓滿」的狀態，當生活開心到不再有「許一個伴侶」的想法，就能達到自體圓滿的狀態，自 high 就能創造出一個愛的漩渦中心，所有的愛就會跟著風起雲湧。

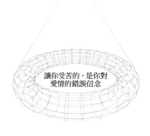

情緒起伏、分分合合的戲碼都是暫時的，只有愛是恆久的。你靈魂的健全與否，決定了自己愛情關係是否健全；反之亦然，你的愛情關係健全與否，也如實反映了你的靈魂狀態。

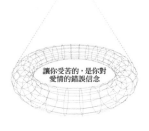

兩人互動之間的情緒，就是最強的洗滌海嘯，要不就淨化新生，要不就被淹沒！

愛情是最好的修行道場，因為兩人距離夠親密，看得夠清楚，也近到足以激起情緒浪花，即使是雞毛蒜皮的小事，只要能激起海嘯式的情緒，就能讓兩人的關係毀天滅地。

在兩人朝夕相處的時候，要特別特別留意每一次引發情緒的時刻，因為每一次重大情緒襲來，就是「跳躍並當下立即覺醒」的最佳時刻，覺醒機會就在每一天、每一分、每一秒，所以不要老是對著情緒做一樣的反應：憤怒、不平、對抗、抱怨、心碎、逃避……當情緒一來，退後三步，注視著情緒，盯著它，看透它，看穿情緒的詭計之後大笑三聲。一旦徹悟，這情緒就是你覺醒的關鍵跳板——是讓你跳過心牆的跳板，而不是讓你一再拿頭撞牆的門板。覺醒不在遙遠的西藏、印度或是墨西哥，就在你發生重大情緒的那一刻，下次遇到情緒襲來時，千萬不要再錯過了。已經錯過了無數年、無數次，現在可以覺醒了！

也就是說，你遭遇什麼樣的外在情境並不重要，重要的是你的內在狀態。當你情緒不好的時候，不要把原因丟到對方的身上，你要把主語與賓語都換成自己，要問自己到底對自己哪裡不耐煩？

念頭與情緒、對話與故事，都是人類自古以來運作到現在，是集體的，是歷史的，不是只有你才感覺到。你的任何一個想法，都是其他人想過的；你的任何一個情緒，都是其他人經歷過的；所以，不必對你的任何念頭、任何情緒作任何反應，就看著它，讓它自然地來，讓它自然地走，不必去驅趕它，也不必去抓住它。當你轉化了自己，其實你就轉化了與你接觸的整個世界。話說回來，這個慈悲不但是你對那個人慈悲，也是你對自己的慈悲，因為你憤怒的時候，那個憤怒的情緒是跟著你的，憤怒一直積在你自己身上，最傷害的是你的身體。

所以請記得，就在下一次的情緒海嘯來時，岸上靜觀自己的起伏變化，不要再被捲進去載浮載沉了！

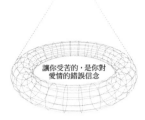

即使是同一套劇本，你的態度與過法不同，就會決定人生不同的結果！

不管人生是不是先天命注定，態度與過法會決定不同的結果。我最常舉的例子就是電影《二月二日土撥鼠日／偷天情緣》（Groundhog Day），內容講述的是一位憤世嫉俗的氣象播報員，奉命到一個小鎮，現場報導當地非常有名的「二月二日土撥鼠節」（這一天，當土撥鼠從洞裡鑽出來，如果牠能看到自己的影子，就表示之後六星期的天氣還會很糟，冬天還會繼續。但如果牠看不到自己的影子，就表示春天就要到了）。他一直在抱怨這個節日很無聊，報導完就匆匆趕回家，沒想到卻在路上遇到暴風雪，只好被迫返回小鎮留宿一晚，沒想到，醒來時還是二月二日這一天……男主角被困在二月二日，被迫留在小鎮，日復一日地過著他最不爽的一天。一開始，他用盡各種辦法試圖離開（包括自殺、犯罪），但都沒有成功，醒來時還是在二月二日這天。直到他終於「放棄」想離開二月二日的念頭，決定把這一天過得淋漓盡致：他可以在一天之內救很多人（因為他已經熟知幾點幾分有誰會出意外）、幫助很多人（他已有足夠時間瞭解每一個人的苦處與問題）、把自己的才華發揮到極限（他學了詩、鋼琴、冰雕……）；本來他苦苦追求不到的女子，也因為他有足夠的時間去瞭解她，並逐漸修正自己，到最後他因忙著照顧身邊所有的人，而不再只是討好她，反而讓她心動並主動倒追他。於是，他從不解、憤怒、接受，到欣然體驗重複的這一天，直到他學會了全然地、好好地活在今天、善用今天（因為反正也沒有明天），時間才又開始啟動，繼續地運轉下去。就像輪迴，即使時空、朝代時空更迭，我們仍是一直以同樣的劇本、同樣的模式，在演同樣的人生，直到有一天學會用新的方式、新的心態、新的體悟在過相同的日子時，就可以瞬間改寫整套輪迴的戲碼，開始過全新的生命。

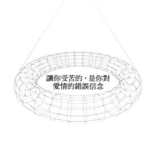

這部電影對我影響很大，提供了我很多很特別、審視生命意義的全新角度！這部創意的經典影片告訴我們：你以什麼態度過今天，就會決定這一天的版本與結果，一天下來就足以天差地別，甚至有人就因為這一天，而翻轉了他的一生。也就是說，只有不逃避命運、決定迎面接受命運（特別是人類集體最大利益的命運版本），才能改變命運、跳換劇本。這部電影的男主角最後活出了自己所能給那個小鎮居民的最大價值，終於從二月二日脫困，順利進到了二月三日新版本的一天。

的確，每天日復一日，抱怨也是這樣過一天，痛苦也是這樣過一天，快樂也是這樣過一天……回想過去的日子，如果要我重新來過，我會有怎樣的全新過法？假設回到十五歲，我要怎麼重新來過？二十五歲？三十五歲呢？往後我會用怎樣的新方式過日子呢？不同的靈魂、個性、心態，進入同一個身分、同一副身體裡去過同一天，會

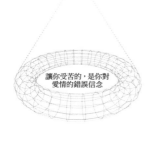

展現出不同版本的人生成果。我自己就經常以這部電影來反思，在一天清晨剛開始的時候，會問自己：我想要創造怎樣的今天？

電影中的男主角，從一開始憤世嫉俗、很討人厭、他追求的女同事也躲他遠遠的……到後來因為他改變了對自己對「一天生命」的看法而脫胎換骨之後，他身邊的工作夥伴、遇到的老朋友、路邊的陌生人都很喜歡他，連當初不喜歡他的女同事也倒追他。如果你感到「在這段關係裡失去了自己、失去了自信、自由」時，你可以比照這部電影，或電影《回到初相遇》（La vie d'une autre）的模式，把你與對方從認識的第一分鐘開始回顧整齣「兩人相處」的劇本，想像一下，如果你換一個截然不同的自己重新展演，結果會變成如何？如果你不喜歡這個結局，就再換新的態度與對待他的方式，直到那是你想要的體驗與結果。

「變換自己」也許比較難想像，你也可以比照電影《變腦》（Being John Malkovich）來練習「換人附身」的思考。先簡單介紹一下電影劇情：一位潦倒的木偶藝人克瑞格，他的太太洛蒂在一家寵物店工作，經常把小動物帶回家照顧，但因為經濟壓力過重，兩人對生活的熱情已經消失殆盡，最後克瑞格決定放棄偶戲的演出，去找一份收入比較穩定的工作。

當克瑞格找到工作，成為一家公司的固定職員，有一天他在公司七、八層之間的夾層裡，發現牆壁有個神奇的黑洞，他好奇地爬了進去，發現自己居然可以直接進入大明星約翰．瑪爾科維奇（John Malkovich）的身體，讓他體驗成為約翰的十五分鐘後，才會被踢回原來的身體。我們不妨借用一下這部電影的創意，再回到這個問題：在愛裡失去了自己、失去了自信、自由該怎麼辦？你可以讓一個你喜歡的喜劇演員，以喜劇的方式重新展演你的人生，或是換有智慧的佛陀、慈悲的觀音、無條件愛的耶穌、浩瀚無邊的神、偉大的阿拉或是智慧版的自己進入你的身體，那麼這套同樣的劇本，祂會怎麼發揮、怎麼展演？

就像是固定的琴譜，演奏的方式不同，就會呈現出不同的音樂情緒——當你從被動接受角色的演員，變成主動詮釋的導演，你就不需再害怕失去自己、自信、自由，你的態度足以決定你和情人的新共同命運。

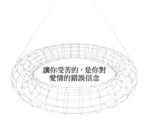

你的愛情關係，如實反映了你的靈魂狀態！

* 愛情就像是一個哈哈鏡，經常扭曲了看待自己的樣貌，但這也呈現出看自己的方式、與認同了別人眼中怎樣的自己。愛情就是一個殘酷的內心明鏡，與你遇到怎樣的情人無關。
* 只要認同你的情人怎麼看你，你內在就是怎麼看自己。愛情就是一個照妖鏡，把你內在很深層的自我認知挖出來，無所遁形。
* 在無條件的愛之下，一切都是自由的。
* 把自己調整成「完整與圓滿」，當生活開心到不再有「許一個伴侶」的想法，就能達到自體圓滿的狀態，自 high 就能創造出一個愛的漩渦中心，所有的愛就跟著風起雲湧。
* 情緒起伏、分分合合的戲碼都是暫時的，只有愛是恆久的。靈魂的健全與否，決定了你的愛情關係是否健全；反之亦然，你的愛情關係健全與否，也如實反映了你的靈魂狀態。

＊要特別特別留意每一次引發情緒的時刻，因為每一次重大情緒襲來，就是「跳躍並當下立即覺醒」的最佳時刻，覺醒機會就在每一天、每一分、每一秒。

＊回顧整齣「兩人相處」的劇本，想像一下，如果你換一個截然不同的自己重新展演，結果會變成如何？如果你不喜歡這個結局，就再換新的態度與過法，直到那是你想要的體驗與結果。

＊在一天清晨剛開始的時候，要問自己：我想要創造怎樣的今天？

＊不管人生是否是先天命注定，態度與過法會決定不同的結果。你以什麼態度度過今天，就會決定這一天的版本。

＊直到有一天學會了用新的方式、新的心態、新的體悟，在過相同的日子時，就可以瞬間改寫整套輪迴的戲碼，開始過著全新的生命版本、愛情版本！

讓你受苦的
「愛情錯誤信念」

第八條

我該離開他嗎？如果離不開，我該怎麼辦？

你要離開的不是特定的人，而是你不當的愛情信念！

你之所以因愛受苦，是因為你對愛的不當信念，並非是某個人讓你受苦，所以離不離開誰不是重點，重點是離開讓你受苦的信念，才是根本之道。如果你還帶著這些讓你受苦的信念，即使是跟再好的人談戀愛，也會從天造地設的佳侶搞成地獄怨偶！

所謂不當的信念，最常見的句型就是：「他應該……但他卻……」問題的起因就在那「應該」兩個字，這兩個字可以說是毒化兩人關係最常見的致命傷，因為當你認為對方「應該」如何時，你就是把自己的索求框架套在對方身上，一旦他不願待在你的框架裡，你與他的緊張拉距戰就開始了，然後你便開始受苦。所以當你腦袋裡再度跑出「他應該如何如何」時，請改成「他本來大可以不必如何如何，所以我該怎麼做？」

舉例來說：「他應該幫忙做家事，但他卻都沒主動幫忙！」照拜倫・凱蒂「一念之轉」的轉念法四個提問就是：1.那是真的嗎？2.你能確定那是真的嗎？3.當你相信那個念頭時，你是怎麼反應的？發生了什麼？4.沒有那個念頭時，你會怎樣？但你還可以這樣轉念：他沒有應該、一定、非要幫我做家事不可，如果我真的做不來，可以詢問他有沒有空幫忙我一下。一旦你把「應該」兩字拿掉，你們在關係之中的頭銬、手鍊、腳鐐就鬆開了，彼此再怎麼親密，也該像你對待朋友般那樣尊重他的自由意願而非強調他的「義務」，這也是為什麼在很多時候，友情比愛情長久的緣故，這樣的方式也適用在親子關係、婆媳關係上。

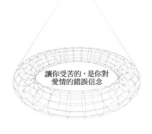

也就是說，當你真心希望對方有些調整，你必須站在他的角度去想，他喜歡別人怎麼對待他？他喜歡怎麼溝通？當你用自己的思考方式硬套在對方身上，如果他不喜歡，你唯一能做的就是調整自己的溝通方式，而不是逼他改變與臣服，這就是我們小時候最常聽的「北風與太陽」的故事：如果你希望一個人脫掉他的外套，不是用盡全力把他的外套吹掉，他只會越拉越緊，換個方式給他足夠的熱度與溫暖，他自然而然、自動自發地會把他的外套脫掉——所有的人際關係應該如此，讓一切水到渠成，如沐春風。

還有另一個常見句型是：「我都為他做了……但他卻……對我！」這就是「**受害者要求回償**」的思考模式：因為我為他犧牲，所以他應該要回報我。問題就出在：你為他做的這些事，並非出於你個人的心甘情願，你受了委屈，你要求恢復平衡，但誰教你先引起自己的不平衡，如今卻要對方為你承擔你的不平衡呢？就像翹翹板，本來是水平的，你先壓低了自己，卻怪罪對方怎麼高高在上是一樣的道理。所以我的方式是：委屈的事就別做，除非你在其中自得其樂，否則對方也可以不領情。

在愛情的不當信念中還有一個常見詞：「背叛」，經常我們會從愛情受挫那方聽到「我對他那麼好，但他為何要背叛我？」這樣的委屈，但**如果人在愛的本源裡，是不可能有「背叛」這兩個字跑出來，一個泉源怎麼會指責分流四方的河川背叛它？**當我們宏觀整個大自然的循環，給予者與接受者往往也不是同一個，如果「背叛」這個詞出現在大自然界，那將會有無數的不平衡、糾紛、指責、罪惡感……充斥著整個地球生態——所以當你在愛的範疇裡還有「背叛」這樣的詞未消除，你唯一能做的就是：回到你自己愛的源頭，你會發現身在源頭之愛，光享受「給出愛」就已經非常自high了，完全不會關注甚至想控制「從你流出去的愛」最終會到哪裡，因為你愛的能力太廣大了！

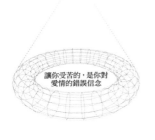

你要離開的是「無止境的不滿足感」，而不是某一個特定對象。

愛是心的天賦本能，欲望是頭腦的幻象。我在一本名為《那一夜，佛洛伊德遇見佛陀聊欲望》（Open to Desire: Embracing a Lust for Life）看到這個來自伊斯蘭教神秘主義蘇菲（Sufi）一個有趣的寓言故事：「在中東某個市集中心，有個男人坐在地上痛哭流涕，面前放了一大盤辣椒。只見他慢條斯理、有條不紊地拿起盤中辣椒，一根一根送入嘴裡，細嚼慢嚥，同時卻又失控地嚎啕大哭。他的朋友看到這奇怪的光景，都一頭霧水地問：怎麼回事？他淚如雨下，氣急敗壞地回答：我在找一根甜的辣椒！……欲望永遠不會學乖，永遠不會罷休，只會將我們束縛在痛苦的輪迴中。」

如果把這則寓言放在現在的愛情關係裡，許多為愛受苦的人，也正是被自己「無止境的不滿足感」所折磨，無論對方再怎麼好，他的不滿足感永遠都能找到挑剔的地方，讓自己繼續不平衡地受挫著。

放掉期望，就如同放下自己乞討的缽，你就不會期待對方非得要填補你的洞缺，渴求對方要給你什麼回應，於是「怎樣都好」就是你豐足快樂的本源，對方也能從相處的壓力中重獲呼吸的自由，你也能從索求者的角色中掙脫出「討債」的戲碼，重新解放兩個人的自由。

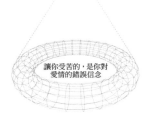

你與他的差異不是分開的理由，而是擴張你包容度與生命彈性的弓。

很多情侶的分手理由都是「理念不合，價值觀與生活習慣差異過大」，這個理由其實很牽強，兩人一見鍾情，愛的吸引力把兩人拉在一起，但誰說兩人一定要有相同的理念、價值觀與生活習慣呢？只要有愛，太陽與月亮也能形成完整的一天，如果兩人差異越大，表示兩人之間可以透過對方的截然不同而體驗到另一極的狀態，不是更能拉大靈魂的包容度與生命彈性嗎？當一個是內向，另一個是外向時，他們不就形成了一個完整的圓？當一個想往東走，另一個想往西走時，他們不一定非把彼此綁在一起待在原地哪裡都去不了，而是可以一個向東，一個向西，地球是圓的，最終他們會在一個點上相遇，交換彼此的體悟見聞。

我在上一本書《心誠事享》裡提到：「我看到不少教導『如何運用吸引力法則正面思考』的靈修老師，身邊都有一個很負面悲觀、疾病纏身的伴侶或愛人，她們的『正面思考』絲毫改變不了伴侶，但愛情卻讓她們離不開這些伴侶——正是因為我們處在二元性的地球，有光的地方一定有黑影，一個銅板的兩面無法互相割離，因此一個越光明，另一個就越黑暗。當她們越努力只選擇『正面』，對等的『負面』就會直接進她家門躺在她枕邊，躲都躲不掉。越想躲避的議題，包括討厭別人說哪些負面的話，這些話往往就是由最親密的愛人當你面直接說給你聽，你無法把他們列為封鎖的黑名單或是絕交，更不容易斷絕關係。所以直接面對，把被勾起的情緒議題做最徹底的清理，直到有一天，沒有任何人、事、物或話語會勾起你的憤怒或不快時，以前會惹火你的話現在都能穿身而過不留痕跡時，你就過關了。所以我們不必因為「吸引力法則」怎麼改變不了身邊悲觀的人而感到沮喪，那是因為他們沒在高處看到全域，因為得透過正反兩面才能看到事物的全貌，他們就是為你體驗另一極的人生，你若在北極體驗永晝，自然就有人會在南極體驗永夜，這就是你們在一起的原因。等到換成你悲觀沮喪時，這些原來很悲觀的親友，說也奇怪地轉過來安慰你、為你打氣，這就是兩極反轉、物極必反的原理。」兩人之間的差異與距離從來就不是問題，問題在於：你對愛的定義有多寬廣？可以大到讓對方在地球的彼端與你遠距相繫嗎？大到可以彼此欣賞對方的差異點，並打從心底佩服？

我常在想，「對方與自己要有一樣的理念、價值觀、生活習慣與目標」似乎成了很普遍的錯誤愛情信念，就像拿著玻璃鞋找合腳的公主，或是拿了一把尺把不合規格的情人藉此踢開了自己的生活圈。很多時候，有人會跟條件很好的單身女子說：「妳的條件太高，應該要把眼光放低一點才能找到伴侶。」這句話當然充滿了問題，問題在於：「沒有伴侶」是當時現狀，無好無壞，「沒有伴侶」從來就不是個「問題」，但如果這女子自己想要體驗兩人關係，她可以先檢驗自己對愛情有沒有「規格設限」，或是有沒有受到「身邊親友對她伴侶有所期盼」的影響，只要把這些設限、框架、陰影自腦中移出，愛自然而然會流入到她的生活中，與這女子是否高齡、高學歷、高收入、高眼光無關。

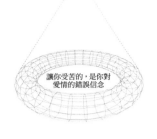

就像之前在我書中提過的電影《螞蟻的尖叫》（SCREAM OF THE ANTS），也可當作兩極情侶的最佳例證。一對情侶到印度旅行，兩人手持一台攝像機在同一輛人力車上，攝像機到女子的手裡，鏡頭裡都是鮮花、紗麗、香料，但攝像機一到了男子的手裡，鏡頭裡盡是垃圾、肢障孩童、牛屍——在同一條路上，兩個人看到的是兩個截然不同的世界。而印度的全貌其實是鮮花、紗麗、香料、垃圾、肢障孩童、牛屄……的總合，這就是二元對立世界的特徵，每個人只看到自己眼中的世界，看不到全貌。

有人說：樂觀的人發明飛機，悲觀的人發明降落傘。所以如果之後以「理念不合，價值觀與生活習慣差異過大」為由，與對方分開，請先把問題拉回到自己身上做檢測，就像如果房子漏水，你不是要想辦法改變天氣、讓屋外的暴風雨停止，而是想辦法讓自己的房子更堅實牢固些。

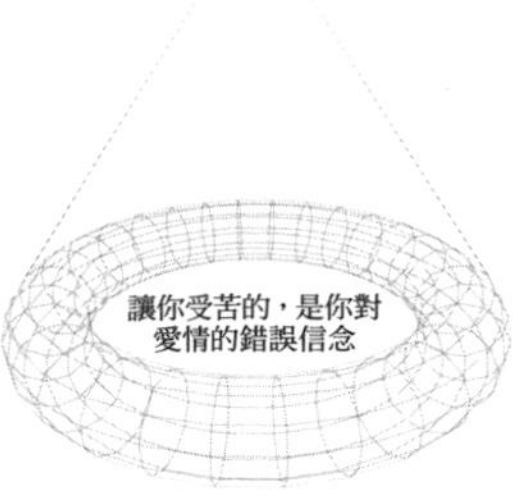

不必改變負面思考的伴侶，你只需以正面的眼光待之即可！

就在我剛寫完《心誠事享》之後，與好友一起去雲南自助旅行，我們在當地的聖山「玉龍雪山」下看了張藝謀的《印象麗江》，最後一幕就是主持人帶領我們面對玉龍雪山祈禱，他說：所有你們在這裡許的願都會成真！我當時已經感動到淚流滿面，但我身邊的友伴卻一臉狐疑地看著我說：「哭什麼哭呀，才這麼一點點雪哪叫雪山啊，妳沒看過阿爾卑斯山嗎？」當時的我突然冒起一陣火，心裡滴咕著：「喂！這是神聖的雪山耶，你自己感覺不到就算了，幹嘛還潑我冷水啊！」但自從修行之後，我經常提醒自己：要發射反應前要先 hold 住自己的情緒。於是把想脫口而出的這段話在自體內消化一下，然後換一個方式說出來：「你為什麼要這麼負面思考？你能不能正面一點啊？怎麼來到這麼美的地方，還要把『比較』帶到這裡來？玉龍雪山有她神聖的美，你拿『阿爾卑斯山』來做比較，不就是很『不活在當下』嗎？」

他的回答讓一向標榜自己是「正面思考」的我，有瞬間醍醐灌頂的震撼，他說：「奇怪了，為什麼妳覺得我說『玉龍雪山沒什麼雪』是負面思考？」咦？對喔！「玉龍雪山沒什麼雪」是一個中立的陳述句，他在陳述一個他眼中的事實：要像阿爾卑斯山那樣才叫雪山，他的經驗創造出了屬於他自己的實相，這句話本無正負，但因為不符合我的思維，於是我把他的話冠上了「負面思考」的大帽子，所以真正有「負面思考」的是我，不是他。他的這段回答讓我瞬間跳出自己「正負二元性」的批判之苦，讓我從「偏執正面思考、批判負面思考」的框架中解脫出來，也就是說，如果當初我以「他太負面思考，所以我

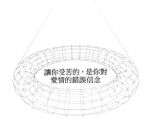

應該要遠離這樣的人，以保持我的人生正向光明」與他絕交，我就會失去這段非常寶貴、擴展我更包容二元、更能合而為一的成長機會。

我與這位好友還有兩個很經典的例子可以跟大家分享，第一個例子曾經寫在《升起你的靈性天線》中，這是我與新加坡聲療家 Yantara Jiro 的一段「諮商式」的對談。

我問 Yantara Jiro：「我上次與好友出遊，住在北京很高檔的飯店，但對方卻一直對飯店挑三揀四、嫌東嫌西時，我該怎麼面對？」依我原來的答案是：因為地球是二元性，有黑暗就一定有光明，所以當我看到正面，我的伴侶自然就會看到負面，如此兩人才能看到事物的完整面貌，當我理解了這點，我反而欣賞情人的負面眼光，覺得他像是黑色喜劇般地有創意，我跟他黑白兩面像是跳探戈般地和諧，因為誰都沒有想要說服誰或是改變誰。

但 Yantara Jiro 的回答給了我更新的視野，他說：其實妳還可以往更高的層次去想：妳不需把他當成妳的相反面，而是要在心中與他合一，他就是另一個版本的妳；當他專注在他不喜歡的地方，其實也等於向宇宙宣稱他不要什麼，但另一個極端「他想要什麼」一樣存在，也就是說，當他說他不喜歡什麼的時候，也等同於向宇宙間接宣稱「他要什麼」，這就是宇宙法則；你可以引導他放掉對現況不滿的憤怒與沮喪，let go 之後轉向另一極，就是請他去關注在「他喜歡什麼」、對什麼會感到興奮，於是他就看到了這家飯店可以改進的潛力。換個角度想，這家飯店一定曾經發過這樣的意圖，一個想要繼續進步的意圖，所以才會吸引挑剔的客人前來給他們意見，增加這飯店能量擴張的可能性，這就是正面意義。所以當你有負面悲觀的伴侶或家人時，請協助他們專注在可以改變的潛能上，但如果他們執意耽溺在痛苦之中，你可以不必再繼續回應他、說服他，甚至想要改變他，請抽離他的悲劇圈，回來專心與自己的本源校準連結，等到對方與他自己的本源連結時，你們彼此將可以重新再調頻一次，一起創造新版的人生命運。

後來我發現，其實對治負面思考的人還有一個很有效的方法就是：幽默感——先把對方逗笑，然後把他的悲劇變成黑色喜劇！

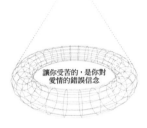

負面思考其實能帶來正面的改進力量，所以不要因為對方「悲觀負面」而躲離他！

就在與 Yantara Jiro 對談這段話後不到半年，我與這位好友相約一起去民丹島度假，「增加這飯店能量擴張的可能性，就是正面意義」這段話言猶在耳，結果就發生一連串更戲劇性的情節。我們從新加坡搭渡輪前往民丹島的途中，他一直對我「打預防針」（現在想起來真是「所想的就會成真」，看似是疫苗抗體，但卻造成了強大的暗示與創造）：「雖然是住在世界頂級的悅容莊酒店，但因為我們是去民丹島，不比雲南或不丹的悅容莊服務上軌道喔，所以妳要有心理準備！」他這個負面的預設立場一襲擊過來，我正面思考的防衛機制就馬上啟動，直覺地把他的話自動減弱消音，改以「這次去民丹島的悅容莊，將會超越過

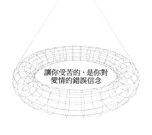

去所有的美好經驗」來偷偷更改暗示設定，看看誰的功力強。

結果一到民丹島，那裡開始下起了大暴雨，正面思考的我連遇到暴雨都很開心，在舒服而寬廣的套房裡，當我正享受雨瀑與涼風迎面的快感，沒多久就聽到他在背後開始哇哇叫：「妳看吧，我就跟妳說不要期待民丹島的悅容莊吧，妳看，這裡漏水啦！」我一轉身就看到他的「實相」，讓我親眼目睹何謂「三次元與五次元可以在同一個時空中平行存在」：在他的床邊書桌上方，茅草屋頂破了個洞，於是屋外下暴雨，屋內下小雨，狂洩在他的桌上。他請飯店服務生來看，但也得等到雨停了才能來修。然後接下來，無線網路斷線了、游泳池比旁邊四星級的飯店還小、早餐吧看到蒼蠅滿天飛，更誇張的是到了最後一天晚上，突然聽到轟隆轟隆的聲音，而且還煙霧四起，他以為失火了，要我趕緊衝出房間，同時也打電話問櫃台到底怎麼回事，結果竟是飯店正在派直升機噴灑驅蚊農藥，而且也沒事先通知房客。急著衝出去攔車的我吸了一堆「農藥煙」後，真的生氣了，在一連串災難發生後我也就從自己腦中的五次元美好世界跌回了三次元，本來我打算拿起電話開罵，他卻冷靜地要我別生氣，交給他來處理就好，果然如我上一本書上所說：「他們就是為你體驗另一極的人生，像是你若在北極體驗永晝，自然就有人會在南極體驗永夜，這就是你們在一起的原因。等到換成你悲觀沮喪時，這些原來很悲觀的親友說也奇怪地轉過來安慰你、為你打氣，這就是兩極反轉、物極必反的原理。」

除了獅子座的我慣常大發雷霆的處理方式外，這次我想看看，我的「另一極」會怎麼處理這麼「天兵」的飯店。結果他平靜地寫了一封長信到悅容莊總部，跟他們說了這幾件一連串的「意外」，完全不符合悅容莊該有的水準。他就只是把具體的事件一一寫出來，希望他們改進，並沒有要求任何賠償。第二天我們去用早餐時，看見飯店經理已經站在門口表示歉意，並告訴我朋友，這四天的房費大約兩千美金全部不必支付，以做為我們的賠償，還送上一瓶紅酒與一大籃水果……當我一聽到飯店主動招待兩千美元的住房費，簡直不敢相信，因為我以前認為，只有正面思考、情緒、反應、行為才能吸引來正面的人事物、正面的結果，但沒想到我「另一極」的負面申訴信卻引來了正面的結果：我們的房費免了，多了一瓶紅酒與水果籃，多了更好的服務，也讓這飯店有了具體改進的目標與方向，著實讓我大開眼界，也大大顛覆我對「負面」的成見。現在仔細想想，應該說是這封申訴信是中立的，他只是在陳述一個讓我們不滿意的事實，只要這飯店願意有進步改進的心，這封申訴信就能產生正面的效果，但如果飯店總部不聞不問，任其問題繼續擴散，那麼最後所有客戶都跑光了，這反而造成飯店的負面結果，所以關鍵就在讀信的人是以什麼角度看，忠言逆耳，只要你不被自己的自尊、情緒所蒙蔽，無論眼前來的訊息可能讓你有多不愉快，你依然能看到正面的價值。

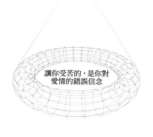

同理可證，如果你能從引起你負面情緒的伴侶中找到正面的意義，這就是非常寶貴的成長機會！

就在我跟 Yantara Jiro 說了我們在民丹島的這故事後，他跟我分享了他日前看的一齣很有趣日劇《我的姐姐是惡魔》（正義の味方），據他描述的劇情與對白，簡直就是「負面思考其實能帶來正面改進力量」的最佳教材：在政府機關工作的中田慎子，才貌雙全，但經常欺負身材與成績都差的妹妹。姐姐脾氣很壞，經常「日行一惡」，例如她到餐廳用餐，發現碗裡的肉不如菜單上大，就把經理叫出來罵了一頓，逼餐廳做出補償，但卻也讓這家餐廳事後做了徹頭徹尾的改進，餐廳生意反而變好了。還有她為了報復討厭的課長，居然泡抹布水給他喝，肚子絞痛的課長緊急就醫，卻意外檢查出有腫瘤，還好早發現早治療，及時挽回一命。她懷疑豬肉不新鮮，半夜跑到肉店卻意外發現不法之事。最特別的一件事蹟是：她在講電話時，旁邊走過一群女子，一邊嘰嘰喳喳，一邊大聲地發出咚咚咚的高跟鞋聲音，非常吵鬧，她因而狂罵了她們一頓。當時這些女子正在討論下一季的高跟鞋該怎麼設計，結果她的暴怒反而激起了她們想設計無聲高跟鞋的靈感，後來意外大賣……所以這位「惡魔」姐姐有了「正義的夥伴」之封號，似乎她所罵之處都掀起了改革潮，所到之處自她離開之後都變好了——當你遇上了「惡魔情人」，除非是有暴力傾向的，先走為上策，請先別急著分手，特別觀察他日後所帶來的正面影響，你會學到很多、寬廣很多！

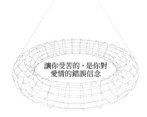

你用喜劇角度看就是黑色喜劇，你用悲劇角度看就是黑色悲劇！

因為我是廣告文案，從進廣告圈開始就必須以「樂觀光明」的角度看待自己經手的商品，如此樂觀的習性，也讓愛旅行的我，從不理會當地正處於何種情況。

但我的家人卻很擔心我，當我說下週要去西藏，他們的反應是：「妳還敢去？上次去玉山，才海拔一千多，妳就臉色蒼白被抬下來，西藏拉薩海拔四千多，前陣子新聞才說有人因高原反應而被抬下來，妳是不要命啦！」當我說我明天要去印度修行一個月，他們說：「印度？小心痢疾啊，新聞說有旅行團到那集體拉肚子，妳是想要拉肚子瘦身啊？」當我說下個月要去墨西哥，他們說：「那裡黑幫橫行，莫名其妙就有人被槍射死，妳是活得不耐煩？跑去那裡幹嘛！」我每到一個地方，他們就告訴我那個地方的死法，以前我每次聽到這些話都會很生氣，有時還會吵起來，還把《祕密》的書與影片給他們看，希望他們能「正面思考」一點，但後來領悟正反兩極的全貌之後，心胸也比較開闊，就去體恤家人說這些話絕對不是詛咒，是出於擔心，而且他們說的也是「少數個案放大版的新聞事實」，所以不需要在言語上跟他們發生衝突，如果吵起來，這樣不就雙方都跌進負面漩渦中？理解他們是出於愛，害怕我出事，雖然無法要求他們以「祝福取代擔憂」，但只要自己領悟後，就不會生起負面情緒。於是我得到的領悟是：我要從這些看似負面但其實是中性的話語中，汲取正面的意義與價值。所以我就把這些「提醒」轉化為行前的充分準備，以及在旅行時的謹慎小心，但我不會因此不去這些地方旅行。當我平安返家，雙方都愉快，這才是在兩極對立下雙贏的方法。

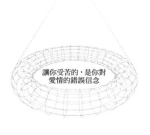

當你感到外在的人事物變成黑色時，你用喜劇角度看就是黑色喜劇，你用悲劇角度看就是黑色悲劇！

從父母身上領悟「愛」的本質！

每次我看到新聞，一些年輕孩子因為失戀自殺，讓那些辛辛苦苦將之養育長大、非常疼愛他的父母非常傷痛，而且痛一輩子。我常在想，這些孩子怎麼會把愛情視為人生的全部？他難道沒看到這麼浩瀚的父母之愛就在旁邊不離不棄？

我在「Compassion Life Society」網站上看到一段話：「有一種人，在你成功的時候靠近。在你失敗的時候離開。有一種人，無論你成功或失敗時，一步都不會離開你的身邊，那就是，爸爸媽媽。當全世界都捨棄你的時候，爸爸媽媽一直都在身邊，不願看到你再掉一滴淚。當爸爸媽媽老了，最需要你的時候，請你不要遺棄他們，請陪在他們身邊，好好的孝順爸爸媽媽，別讓老人家偷偷為你流淚。永遠記得，沒有爸爸媽媽的愛，我們不可能會有今天！」所以當你因為失戀而想去死時，請把焦點重新放在你的父母身上，從他們的角度看現在的你，他們是如何懷胎十月，拉拔你長大，辛苦工作栽培你，這麼無條件地愛你、照顧你、擔心你，你想要的他們都會想盡辦法滿足你——你已經生來擁有這麼寶貴的愛，就應該把焦點放在他們身上，好好從他們身上學會「無條件的愛」，當你從父母身上領悟「愛」的本質，你就不會眼盲失心的把自己摧毀，也傷了這麼愛你的父母的心。

「痛」就表示你要蛻變了！如果你離不開情傷，那個痛不欲生的自己就放手讓其死去，重新誕生出一個有愛的自己——轉移焦點，蛻變出新的你，好好去愛父母，以及一些需要關愛的老人或孩子吧！當你成為「愛」的本身，光是不分對象地付出愛，你就已經很滿足愉快

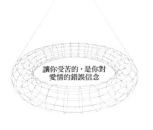

了，而不會因為某一個人待你如何而有致命性的影響。

所以我們再度回到這篇章的題目：「我該離開他嗎？如果離不開，我該怎麼辦？」如果你在「愛」的泉瀑之中，就沒有「離開」這樣的詞在你的考慮範圍之內，因為你可以自在地享受「兩人相處」與「獨處」，怎樣都好，怎樣都快樂，沒有強求自己一定要待在哪一種狀態。所以當你在問自己「我該離開他嗎？如果離不開，我該怎麼辦？」這樣的問題時，這問題本身就充滿了問題，表示：你已經遠離「愛的本源泉瀑」很遠了，所以不必再去詢問算命師、好友、閨密這個「錯誤問題」的答案了，想辦法讓自己就現況、就地挖掘愛的泉源，讓自己從現在起的所思所行，每分每秒都出於愛，因為由你所散播出的各式愛之種子，只會長出愛的結果，你也只會豐收到愛——當你無時無刻在「愛的頻率」當中，自然就會有相對應的對象與環境在你周圍，這就是愛的磁場！

愛，就是心的天賦和本能。

*你之所以因愛受苦，是因為你對愛的不當信念，並非是某個人讓你受苦，所以離不離開誰不是重點，重點是離開讓你受苦的信念，才是根本之道。

*你用自己的思考與溝通方式硬套在對方身上，如果他不喜歡，你唯一能做的就是調整自己。

*愛是心的天賦本能，欲望是頭腦的幻象。

*許多為愛受苦的人，也正是被他的「無止境的不滿足感」所折磨著，無論對方再怎麼好，她的不滿足感永遠都能找到挑剔的地方，讓自己繼續不平衡地受挫著。

*每個人只看到自己眼中的世界，看不到全貌。

*放掉期望，就如同放下自己乞討的缽，你就不會期待對方非得要填補你的洞缺，期待對方要給你什麼回應，於是「怎樣都好」就是你豐足快樂

的本源。

＊如果你能從引起你負面情緒的伴侶中找到正面的意義，這就是非常寶貴的成長機會！

＊當他專注在他不喜歡的地方，其實也等於向宇宙宣稱他不要什麼，但另一個極端「他想要什麼」一樣存在。

＊當你有負面悲觀的伴侶或家人時，請協助他們專注在可以改變的潛能上。

＊負面思考其實能帶來正面的改進力量，無論眼前來的訊息可能讓你多不愉快，你依然能看到正面的價值。要從這些看似負面但其實是中性的話語中，汲取正面的意義。

＊當你感到外在的人、事、物變成黑色時，你用喜劇角度看就是黑色喜劇，你用悲劇角度看就是黑色悲劇！

讓你受苦的

「愛情錯誤信念」

第九條

下一個會更好？
我眞的可以跟宇宙下訂單，
許一個自己想要的情人？

又不是在訂製衣服、鞋子，情人豈能以「訂單」形式來許願？

之前在《心誠事享》裡提過：人們不知道自己真正要什麼，於是「心想事成」就成了災難！這樣的例子在愛情上更是比比皆是，特別是在修行圈裡，有許多在愛情路上受了傷的女子，去上修行課，除了療癒自己，也希望下一段戀情能更順利，不再遇人不淑，於是不少人開始向她們的上師、神、觀音、媽祖、大地之母……祈求愛情，有些「真愛課程」或相關書籍還會教她們條列未來伴侶的條件、特質，向宇宙下訂單。就像電影《客製化女神》（Ruby Sparks）裡的那位寫浪漫愛情小說的作家，他每寫下理想情人的特徵，在現實生活中就立即成真，一旦心想事成之後，他卻又受不了這樣的情人，所以最終就還

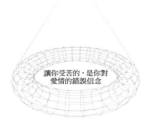

這筆下的女主角自由，讓她做她自己，因為他真的也搞不清楚自己究竟要什麼。

於是我開始觀察身邊好友許願後的結果：好友H因為前男友不專情，而且他的父母不喜歡她，所以她的情人訂單是：無父無母、無女友、有錢、對她專情、非常愛她……H有很強大的心想事成的能力，這樣的對象不到一個月就出現了，所有的條件完全符合。但最重要的問題來了——她並不愛他，所以她瞬間明瞭，原來愛情不能被量化，就算一切外在條件都符合她的心願規格，如果她對他生不出愛意，一切許願都是枉然，而且捨本逐末，因為她愛的不是那些條件，而是那個人的內在本質，但那些本質無法被量化、無法明講言傳，所以怎麼可能對愛情下訂單？這部分可參看前面提過的：「你所列的理想伴侶條件，就是你的愛情木馬程式」的概念。

好友Ｂ，是位心靈老師，她的同修男友愛上了別人，受挫之餘她便向她的上師祈求一位新男友，她的上師也很從善如流，要她條列出想要的未來情人的條件，越多越好。她每說出一項要求，她的上師都親口允諾她，並要她相信會成真。大概三個月左右，她想要的對象出現了：有心靈修行者的品質、專心愛她、跟她一起生活與修行……但兩人興高采烈地相處半年後就決定分手了，因為她的新男友還在讀研究所，她得更辛苦工作來維持兩人的生活，久了就感到疲憊，每天被帳單追得身心俱疲，更別說什麼心靈品質了。所以她決定分手，先把自己的生活恢復成原來的狀態，她也才重新審視原來自己許的條件，其實就是她自己期許自己想要達到的狀態，但她卻透過「許願」的方式，把自己的期許投射在對方身上，所以每一天的相處，那個緊箍咒般的框架就越顯落差，直到完全失望為止。她終於領悟：原來不能用頭腦來許願愛情，更不能對情人懷抱期望，因為每個人最終只能對自己負責，無法也沒有必要符合別人的期待，所以從Ｈ與Ｂ的例子來看，無論許的願攸關物質還是心靈，即使成真，最後自己還是不滿意。

好友C，是個藝術家，他看了《祕密》的影片後，就依裡面一位電影製作人「以畫來設定未來愛情伴侶」的方式，畫了許多未來愛的生活願景，擺滿了家裡四周。但十年過去了，他以無比的信心與希望所「繪製」的伴侶始終沒有出現，於是他開始對這個世界憤怒，對所有的愛情都不再相信了，他的憤世嫉俗別說是愛情，連友情都離他很遠。所以總歸一句話：愛情不是衣服、鞋子，豈能用量化與下訂單的方式來許願，打造一個情人？許願後的受挫全是自己造成的，怪不了別人，因為你把未來的自主決定權利交出去了，而且自己還不知道交給了誰。

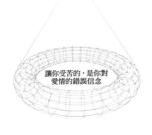

如果大自然的動植物全都來許願，那麼鳥界的貝克漢、花界的林志玲，就成了災難。

前述「不休止的不滿足感」就是人類愛情的災難，還好大自然界的萬物都很知足，不會去比較，也不會像人類一樣，一窩蜂地追求同一套愛情標準。如果大自然界的動物、植物都因不滿足而開始許願，當鳥界的貝克漢成了偶像後，絕大多數的公鳥就會感到自卑、母鳥開始嫉妒貝克漢的伴侶；花卉界的林志玲公開她的三圍標準，於是其他的花全都忙著塑身，否則就沒有自信去招蜂引蝶……沒多久整個大自然就亂成了一場災難！

既然大自然界動植物不會忙著許愛情的願、訂製自己想要的伴侶

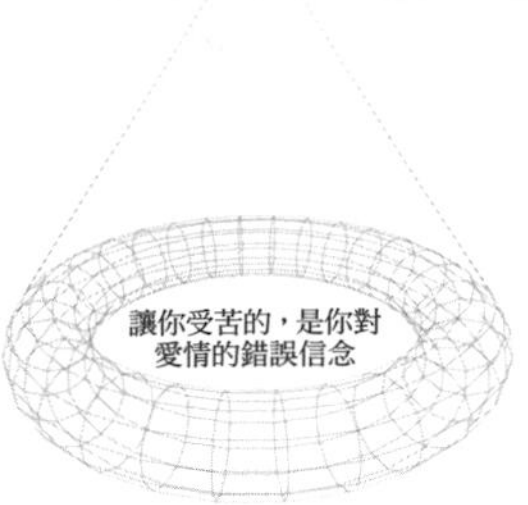

和配偶，它們也就少了絕大部分的煩惱，少了很多社會悲劇新聞，更不會因為追求單一標準而讓大自然變得單調無聊。許願的問題在於：不當的投射所產生的許願，很多時候我們都以為自己還有夢，要追夢、築夢、圓夢，但其實都是作繭自縛，限制了愛情所能帶給你的意外驚喜。最重要的是，當你許願，你就剝奪了對方成為他自己的可能，因為沒有人能被量化、數字化，每個人都有獨立的完整人格與特質，都是每分每秒在變化的活人，而不是工廠裡的標準機具，所以怎麼可能下訂單來訂「貨」呢？

無論你遇見誰，他都是對的人，只要你在對的狀態！

在網路上看到一段名為「印度教導的靈性四句話」：無論你遇見誰，他都是對的人；無論發生什麼事，那都是唯一會發生的事；不管事情開始於哪個時刻，都是對的時刻；已經結束的，就是已經該結束了。所以請放掉「下一個情人會更好」的想法，現況就是對你最好的狀態。請想一下，如果你未來在有夢想情人的狀態下，會過怎樣的生活，例如一起旅行、一起下廚、一起享受生活……那麼就現在起讓自己盡量處在那樣的生活狀態：自己旅行、自己下廚、自己享受生活……直到你能從中找到樂趣，已經不在乎有沒有情人陪你做這些事時，你那自得其樂的狀態，就是愛的魅力所在。

我喜歡《愛》（Being in Love）說的這句簡單的箴言：「地獄被創造出來，是因為你期待天堂」——只要你放下對愛情的不當期待，徹底完整地接受現況、享受現況、感激現況，你的期待就不會創造出讓你落差與挫敗的心靈地獄。換句話說，如果你現在已經有伴，但你不滿意，那麼就請調整自己的眼光與心態，在他身上找到你欣賞他的特質，放大這些特質，享受這些特質，少了頭腦的批判，你的愛情就不再像是一場自我鬥爭大會，下一個情人不會更好，只有你眼前的這位才是。如果你真看不出自己的情人哪裡好，可以找一些有心靈智慧的好友提醒你，由他們的觀點來發現你的情人的優點，就能掃除你的愛情斜視與偏盲，也不會再給你帶來一連串的受挫悲劇。

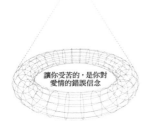

接受現況，享受現況，感激現況。

* 不能用頭腦許願，更不能對情人懷抱期望，因為每個人最終只能對自己負責，無法也沒有必要要符合別人的期待。
* 不休止的不滿足感就是人類愛情的災難。
* 當你許願，你就剝奪了對方成為他自己的可能，限制了愛情所能帶給你的驚喜。
* 如果你現在已經有伴，但你不滿意，那麼就請調整自己的眼光與心態，在他身上找到你欣賞他的特質，放大這些特質，享受這些特質，少了頭腦的批判，你的愛情就不再像是一場自我鬥爭大會。
* 只要你放下對愛情的不當期待，徹底完整地接受現況、享受現況、感激現況，你的期待就不會創造出讓你落差與挫敗的心靈地獄。
* 下一個情人不會更好，只有你眼前的這位才是。

讓你受苦的

「愛情錯誤信念」

第十條

如何找到相伴終生、白頭偕老的伴侶？

允許對方的自由來去，兩人之間還有流動新鮮空氣的開闊空間。

還有一個人類經常自苦「不當愛的信念」就是：想找一個可以相伴終生、白頭偕老的伴侶，於是就以高度的不安全感來要求承諾，但卻忘了其實只有當下才是兩人之間的真實片刻，如果此時此刻就恐懼、擔憂、不安，那麼未來不可能是放鬆安穩信任。

讓我們再以大自然為例來檢視人類，如果每一個動物的交歡，都要求對方得天長地久、專情永不變心，那麼沒多久就會出現動物徵信社、警局、法院、監獄、心理診療所……愛是非常自然而然的一種能量狀態，就像空氣、風、水、火一樣，說來就來，說走就走，怎麼可能透過道德與法律這樣的人為來規範「愛」呢？只要每個人能活出自己當下的生命，對自己負責，對自己誠實，自然而然就會對他人誠實。在彼此誠實的狀態下，自由就是愛的最高前提，誠實面對愛的風起雲湧，也坦然接受愛的起伏生滅，彼此之間只要在一起，就是真實的在一起，完全不需諾言，自然就沒有謊言。如果任何一方想離開，無論是短暫的獨處或是長期的別離，另一方都要百分之百地尊重對方的決定，因為那是他生命該有的自主權，與兩人之間是否已經結婚無關，一旦將婚姻視為約束對方的無形枷鎖，那麼忠誠與背叛的課題就隨之興起，如果從一開始就不把對方視為自己的財產或是保障的靠山，那麼對方的自由來去，反而能在兩人之間留下可以流動新鮮空氣的開闊空間，這樣兩人的關係才能「活」得久，而不會讓人窒息。

《愛》這本書中是這樣比喻的：「生命是一種連續不斷的改變，一切都在改變，一切都在變動，沒有什麼是靜止的，也沒有什麼是永

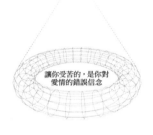

恆的，你被灌輸的這個『永恆之愛』的觀念會摧毀你一生，你們彼此期待對方永恆不變的愛，結果愛變成次要的，永恆變成首要的，塑膠花可以永恆存在，但真正的愛是不確定的。」所以我們應該重新回歸愛的本質，把「永恆」這個概念從兩人關係中拿掉吧。

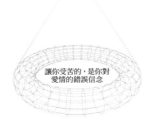

我們都把眼光投向未知的永恆，卻忘了眼前當下的每分每秒才是真實的關鍵！

我經常看到一種情況，情侶或是夫妻兩人總是為了未來而吵，把當下每分每秒的時間都吵光了，那是因為他們以為兩人在一起是無期限的，結果就被兩人不耐煩的情緒耗盡了。當他們把對未來的擔憂放進現在的關係裡，當下就不再純粹，就被虛無又有殺傷力的雜質給摧毀了。只要他們願意活在當下，當下是沒辦法編故事的。

如果我們重新理解「時間」，洗掉「未來天長地久」的設定，你可以把每一年都視為兩人之間創造最美回憶的一年，就像電影《海上鋼琴師》裡的經典對白是「因為琴鍵是有限的，所以才能彈出無限的曲子，如果琴鍵是無限的，反而不知怎麼彈曲子了。」特別是看多了無數當初令人羨慕的才子佳人，後來卻發生無常的離異變化，特別是娛樂圈，我們更應該珍惜現在能在一起的每分每秒，不要為了還不存在的未來焦慮。

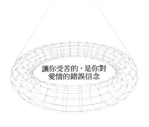

讓愛情的巔峰經驗，自動延長愛情任期。

如果把每一年都視為最後一年，一年為一個結算點，就可以把這一年的每一個月，都找一個值得慶祝的理由，只要兩個人有時間就去度假，不管金錢時間及時行樂。事實上是，也只有想盡辦法把今年過到最好，過到兩人認識以來的巔峰，人都是喜歡快樂幸福的，當你們過到巔峰，自然就想延續這種快樂感覺到明年，這就是非常自然而然的事，完全不必靠許下什麼山盟海誓，比任何白紙黑字的婚約承諾更牢固，於是這一年就是可以回味與記憶一輩子的永恆時光；只要把每一天過得淋漓盡致不留遺憾，不讓對未來莫須有的不安全感與恐懼阻礙了愛的信任與流動，你們的「愛任期」就可以持久一點。

在熱戀時要常常問自己：如果有一天對方不在了，請問我是誰？

回到這章的主題：如何找到相伴一生、白頭偕老的伴侶？剛才已經說了，對方在不在身邊不是重點，重要的是自己是否處在「完整自在喜悅」的狀態中。在愛情關係中，我們要修的課題就是「完整」，愛情只是用來檢驗自己是否完整的最好測試，讓自己有機會看到「戀愛中的自己」跟「失去戀人的自己」的差別，如果你不論有沒有戀愛的狀態都是開心的，都沒有很大的差別，那表示你已經徹底完整了！

所以兩人正在幸福熱戀時，你要常常問自己這個問題：「如果有一天對方離開了、不在了，請問我是誰？我該如何恢復獨處的快樂生活？」這問題絕對不是「負面思考」，因為人生無常，人的壽命也是有限的，所以每一次在問自己這個問題時，其實會更提醒你好好把握當下，當你知道兩人相處無論如何天長地久都有盡頭時，你就不會浪費生命時光去跟對方吵一些雞毛蒜皮的事，也不會因為你的不安全感而去創造一些加油添醋的「八點檔劇情」，吵吵鬧鬧地過完你們的「有限期」。當身邊朋友又跟情人吵架、跑來問我該怎麼辦時，我都會問她一句話：「如果他明天就不在了，請問妳會怎麼做？」

我看過一些驟失伴侶的人，幾乎傷痛到快活不下去，得花很長的時間才能走出哀傷，所以相愛的兩人平時可以多讀一些生死學的書，即使一方離開地球了，但死亡也只能分離身體，卻無法分離靈魂、分離愛。兩個人在一起的時候可以做一些「愛的心電感應」練習，如果這一天到了，你們依然可以心靈相通相伴，屆時你們能體驗的跨次元的愛就更廣大浩瀚，而不是缺失與哀痛，這部分在電影《愛情天文學》（The Correspondence）、《我願意》（Adrift）與《最美的安排》（Collateral Beauty）在講述與愛人、親人分離之後的愛的領悟是非常感人的！

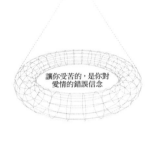

愛是一艘渡輪，重點是沿途風景，重點在上岸！

心靈甘露FACEBOOK：「小時侯，幸福是一件東西，擁有就幸福；長大後，幸福是一個目標，達到就幸福；成熟後，發現幸福原來是一種心態，領悟就幸福。」

在《心誠事享》書中〈很多人忘了自己最終到底要什麼〉這一篇章提過：「很多人會將『尋找真愛』列為自己修行或是心想事成的祈禱目標，現在我終於明白，到達彼岸是許多人的終極目的，但死守在港邊等一艘船把自己載過去，等一位真愛或是靈魂伴侶一起度到彼岸，就像是等一艘名為『靈魂伴侶號』或『雙生靈魂號』的船把自己運到彼岸。絲毫沒看到橋就在旁邊，自己走過去也能到彼岸；死心眼地等船，沒去試試水其實不深，只要自己游過去也可以到彼岸，一堆傻子就乖乖地等在港邊排隊等船，邊祈禱邊練習真愛吸引力法則，等船等到忘了自己其實最終只是要渡河。還有人一上了船就不下船，隨船來來回回忘了自己究竟本來想去哪裡，還強佔船不讓這船繼續載別人，以為佔住了船就佔住了彼岸……這些等到上岸了，就全部一目了然，在岸上就清楚看到一堆人抓著船不放，甚至還想與船同歸於盡，忘了當初自己是為什麼上船，忘了自己本來要去哪裡。」

共修伴侶只是一艘船，一起渡到彼岸，或是一起翻船，就看你是強勢掌舵還是放手順流。共修伴侶只是一艘船，到了彼岸後，就無船、無河、無浪，於是你就能從愛的課題中大解脫，離苦得樂。

愛不是給你安全感，而是教你怎麼獨立，所有愛情給你的，終有

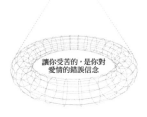

一天會消失，所以你要活得「有沒有愛情都沒差」。要跳脫人間愛的課題，其實很簡單。當你想問一對情侶：「你們現在如何？打算結婚生子嗎？」請把這問題收回，換一種方式問：「你們學會了愛的本質了嗎？」如果每個人都換個新思維方式這麼做、這麼想、這麼說時，相信很快大家就可以跳脫人類愛情舊模式的八點檔劇本了。

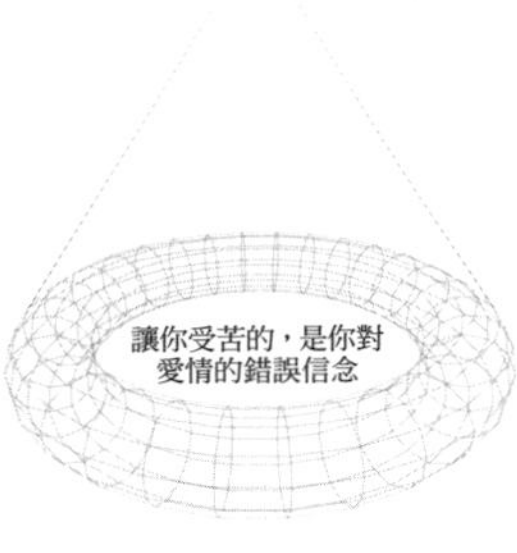

解開愛情的十條綑綁，跳脫２Ｄ的線性思維，進入３Ｄ的愛情覺醒地圖！

愛很簡單，不必學，嬰兒與動植物天生就會，這是大自然的本能，也是維繫天地萬物和諧之道。愛之所以產生問題，就在於我們都被情歌歌詞、浪漫小說、電影電視、算命占卜、旁邊親友……植入了似是而非的愛情謬論，人類對愛嚴重扭曲與誤解，讓很多人因「不當的愛之信念」受挫受苦、受到無辜傷亡。

問題在於：你真的有勇氣面對愛的真相嗎？還是要繼續躲在「愛的甜美幻象」繼續對「愛情吸引力法則」抱持希望，繼續自欺欺人，繼續自殘傷人？現在該是解毒愛情，打破對愛的錯誤信念，戳破帷幕與迷思的清醒時刻到了！

希望你在看完這本書之後，能瞬間掙脫開愛情的十條綑綁，翻轉愛情迷障，讓你跳出２Ｄ的線性思維，進入３Ｄ俯瞰全景的愛情覺醒地圖！

把每一分鐘，都視爲兩人之間無可取代的瞬間。

＊對方的自由來去，反而能在兩人之間留下可以流動新鮮空氣的開闊空間，這樣兩人的關係才能「活」得久，才不會一下就窒息了。

＊重新理解「時間」，洗掉「未來天長地久」的設定，你可以把每一年都視為兩人之間創造最美回憶的一年。

＊愛情只是用來檢驗自己是否完整的最好測試，讓自己有機會看到「戀愛中的自己」跟「失去戀人的自己」的差別，如果你不論在有沒有戀愛的狀態都開心，都沒有很大的差別，表示你已經徹底完整了！

＊在兩人幸福熱戀時，你要常常問自己這個問題：「如果對方有一天離開了，不在了，請問我是誰？我該如何恢復獨處的快樂生活？」

＊共修伴侶只是一艘船，一起渡到彼岸，或是一起翻船，就看你是強勢掌舵還是放手順流。

附錄：欣頻好友的讀後感

愛情掃毒軟體

李欣頻好友／**意婷**

十年前，我因為偶然間讀了欣頻所寫的《愛欲修道院》而成了她忠實的讀者，隨著因緣的不可思議，沒想到十年後，我和欣頻已成了無話不談的好友。認識欣頻多年，我最欣賞與佩服的，是欣頻面對一切人生課題所展現出的無畏勇氣，與她在親身試煉與體悟後，總還願意與大家分享的無私心量。

既然身為好友，我自然不免在「愛情」這個課題，或多或少見證到了欣頻的成長，雖然她自稱過去在愛情這塊領域連幼兒班都還不夠格，但自從她領悟到愛的真相後，我便親見她在伴侶關係上快速直升博士班，而一切驚人的轉變歷程，竟也僅僅在這一念間。

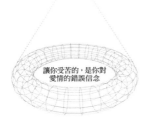

這本新書完成時，欣頻在第一時間就將初稿傳送到我的電子信箱，讓我這位在她感冒嚴重期間，還是屢屢催促她要快點完成書稿的狠心讀者也來發表一下讀後感想。在興匆匆讀完整本書後，我那原本擠滿各種想法而喋喋不休的腦袋，竟然整個像被清空似的，什麼想法也沒有了，這到底是怎麼回事？就這樣連續三天，我不信邪的看了又看，終於發現這本書的神奇威力——原來這是一本在字裡行間暗藏著「愛情掃毒軟體」的書，它能偵測出大腦內所有對愛的錯誤信念並將之掃除；被掃除後的大腦，煥然一新，不再於黑暗中重複播放自我憐憫的戲碼，也不再投影播送未來才是美好的預告片。黑暗中，燈亮了，自編自導的劇消失了，清場了，這會兒該是走出棚外，在真實耀眼的陽光下，深深吸口氣，在當下享受微風吹拂，看樹木花朵自在伸展綻放的時候了。

身為讀者，我個人覺得這是一本能帶給人信心的書，作者對於愛的論點闡述得清澈、清晰又清新，讓人在哈哈一笑中有勇氣清醒。我想，無論此刻有沒有在愛情關係裡，相信都能於作者的真誠分享中，自內心升起愛的力量！

這絕對是一本必讀的愛情寶典！

台灣知名心靈諮商師／**王慶玲**

一收到這本《愛情覺醒地圖》，一整個人便無法停止的仔細閱讀這本好書。

幾年下來，我在許多心靈輔導的個案裡，發現「愛情」之於多數人而言，幾乎可以到「見生死」的地步；在愛裡受到傷痛的心，確實是不容易修復的過程，正如這本書不斷的道出「錯誤信條」，是愛變得很困難的主要原因。我的心一波波的感到震撼，頭不停的點著，整個身體都在呼應著書裡每一篇「愛的錯誤信條」。寫得不只是太好了！而且非常完整的闡釋出愛的本質。

記得在欣頻前一部大作《心誠事享》裡，有談及部分關於為何心想愛不成的篇幅，當時我們就很期待欣頻能為「愛的本質」，再更細節的道出她很棒的「愛情彼岸觀」，如今她以至高視野與智慧洞見，在愛的旅程裡走來，細膩又溫暖的以自然界最美的真實現象，指出了愛的一切樣貌，必須回歸本質道路，她讓我們看見了人類在愛的歷史苦難裡，龐大錯誤的愛情觀點有多麼的「沒有道理」，而我們卻毫無發現的繼續延伸與傳承著。

好幾次我看著書會不自覺的大笑，並拍案叫好，我知道這個感覺就是瞬間呼應對愛明白的喜悅！謝謝欣頻用心用靈用生命，用她在愛裡純熟的歷練，以及她對萬物愛的連結寫出這本書，在這個時刻出現是相當相當重要的！是的，能夠看著一本書而明白了愛的本質，那麼我們彼此的愛就能更自由了，而這世界會有更多的空間容納了更多無限的可能了。

李欣頻的愛情十誡

《做自己最好的醫生》作者、香港大學心理學博士／**鍾灼輝**

幾個月前我偶然看到欣頻的《十四堂人生創意課》，我曾一度懷疑她不是「普通」人，因她的人生創意學實在太精采了，從廣告文案到生命藍圖，把人類固有的思維打破，在我們腦海裡開了一扇天窗。後來我更不得不懷疑她可能不是一位地球人，因為她創作的題材領域涉及之廣令人驚嘆：從旅行攝影到建築美食，從量子物理到心靈文學，像是上天下地無所不知、無所不曉的生活達人。

最近兩性關係、剩女……又成了新聞話題，媒體開始湧現一群戀愛專家與兩性導師，但內容都只是談及吸引異性的技巧、如何尋找自己的Mr./Ms. Right，感覺像是教授攻城掠地俘虜人心的計謀。就在我對這些爛話題感到厭倦之時，竟然收到欣頻這本愛情的新書稿——我看過欣頻十年前寫的《愛欲修道院》，十封沉重的自白式情書，十年後她寫下了這本《愛情覺醒地圖》，我很好奇這些年她在愛情的修行道上得到了什麼樣的證悟，然後我驚訝的發現，這十年的人生讓她從愛欲的強迫症患者變成了戀愛的覺醒達人，我像是回到了一所愛情學院，聽她娓娓道出愛情的本質。她從大自然生命裡引用了大量的例子，告訴我們如何去愛與被愛，重新塑造了愛情的原來面貌；之後，她以強力探射燈檢視我們的思維，檢舉所有錯誤的觀念與迷思，清楚地告訴我們愛情「不是」什麼。我一邊欣喜地拜讀，一邊痛苦地遭當頭棒喝，差點掉進思覺失調的狀態。

看完整本《愛情覺醒地圖》後，我有一得亦有一失，得是對愛情的醒悟，失是對愛情錯誤幻覺的徹底幻滅。但真的衷心感謝她，這麼

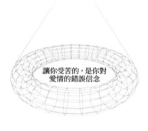

勇敢無私地把對愛情的頓悟分享給我們，讓所有人在這心靈蛻變的關鍵時刻重新相信愛。

愛可說是人生的最大本能，不論種族膚色、不分宗教信仰、不存地域文化，每個人公平地得到這天賦權利，去愛與被愛，這是上帝的祝福，是佛陀的禮物，也是阿拉的恩典。愛的本質就是享受、自在，就像生命中所有美好的事物一樣，不存好壞，不分對錯。愛既不是負擔，也不是責任，是一份分享的愉悅，靈與慾的昇華。但自從人類的始祖亞當與夏娃在伊甸園裡被毒蛇引誘偷偷吃了能分辨善惡的蘋果以後，人便產生了二元對立的思維，開始想要操控世界，分別萬物的同時也判別愛情。從此愛情變成了一種蘊含祝福的詛咒，成了人生的一大課題，若要得到當中的祝福必須先破除其迷思。

我很佩服欣頻是個勇敢的女人，本著大無畏的決心，打不死的身體，一次又一次在愛海中沉淪、獲救，充分體現了「我不入地獄誰入地獄」度人自度的精神。最後她從愛的輪迴中醒覺，從大自然中得到頓悟，學習做自己最好的愛人。她把愛的錯誤信念寫成愛情十誡，精心研製十道解藥良方，讓戀人們從自設的愛的牢籠中得到釋放，解毒愛情。

我在替個案進行心理療癒的過程中，也常要求個案寫下一封給自己的遺書與情書，想像自己就是自己畢生想要尋找的愛人，在體驗愛與被愛的角色互換中，明白什麼才是愛的本質，學習如何去愛與被愛。

這跟閱讀欣頻的《愛情覺醒地圖》是一樣的，地圖的索引給予座標、指引方向，幫助勇敢的戀人們尋找心中的愛情聖殿。途中你或會迷失、或會受傷，但只要相信，最後你必定會發現愛情。

從現在開始，
掙脫開愛情的十條綑綁，
翻轉愛情迷障。
你自己，就是愛情的目的地！

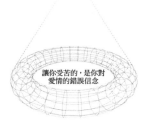

國家圖書館出版品預行編目資料

愛情覺醒地圖：讓你受苦的，是你對愛情的錯誤信念 / 李欣頻 著；
-- 二版. -- 臺北市：平安, 2018.10
面；公分. -- (平安叢書；第0621種)(UPWARD；98)
ISBN 978-986-97046-4-9 (平裝)

1.戀愛 2.兩性關係

544.37 107018951

平安叢書第0621種
UPWARD 98
愛情覺醒地圖【最新修訂版】
讓你受苦的，是你對愛情的錯誤信念

作　　者—李欣頻
發 行 人—平雲
出版發行—平安文化有限公司
台北市敦化北路120巷50號
電話◎02-27168888
郵撥帳號◎18420815號
皇冠出版社(香港)有限公司
香港上環文咸東街50號寶恒商業中心
23樓2301-3室
電話◎2529-1778 傳真◎2527-0904
責任主編—龔橞甄
責任編輯—張懿祥
美術設計—王瓊瑤
著作完成日期—2012年10月
初版一刷日期—2013年01月
二版一刷日期—2018年10月
二版二刷日期—2019年03月
法律顧問—王惠光律師

讀者服務傳真專線◎02-27150507
電腦編號◎425098
ISBN◎978-986-97046-4-9
Printed in Taiwan
本書定價◎新台幣280元/港幣93元